Inbhir Àsdal nam Buadh

Òrain agus Dàin

Inbhir Àsdal nam Buadh

Òrain agus Dàin

le

Iain Camshron

Inbhir Àsdal

**Deasaichte le
Roy Wentworth
&
Maoilios Caimbeul**

*The songs of Iain Cameron (1919–1989)
The Inverasdale Bard*

Air fhoillseachadh ann an 2006 le Clàr

Clò-suidhichte le
The Electronic Cottage, Gleann Srath Farair, Inbhir Nis

An còmhdach deilbhte le One Stop Print, Inbhir Nis

Air a chlò-bhualadh le Bell & Bain, Glaschu

Chuidich Comhairle nan Leabhraichean
am foillsichear le cosgaisean an leabhair seo.

LAGE/ISBN 1 900901 34 X

Clàr-innse/Contents

Ro-ràdh

'S ann taing dhan Dr Roy Wentworth nach maireann a tha na h-òrain seo le Iain Camshron à Inbhir Àsdal a' tighinn am follais. Goirid às dèidh bàs aithghearr Roy anns an Dàmhair 2003 aig aois 57, aois a bha cuimseach òg, chuir a bhantrach clàr coimpiutair thugam (a bha an Dr Wentworth air a chur mu seach airson a chur gam ionnsaigh) le 24 de na h-òrain a tha anns a' chruinneachadh seo, le notaichean mionaideach air na h-òrain agus eachdraidh-beatha ghoirid den bhàrd. Is iad sin smior a' chruinneachaidh seo agus tha iad air an cur fo ur comhair gu mòr mar a dh'fhàg Roy iad. Às dèidh sin thug Eachann MacCoinnich à Inbhir Àsdal, mac peathar a' bhàird, dhomh lethbhreacan de phìosan eile a bha aige le Iain agus às an sin thagh mi dàin 25 gu 35. Tha na dàin agus na h-òrain sin còmhla a' dèanamh cruinneachadh grinn agus inntinneach.

Bu thoigh leam taing a thoirt dha Eachann airson cead an cruinneachadh fhoillseachadh agus mo mhisneachadh gus sin a dhèanamh agus cuideachd airson fiosrachadh mu bheatha a' bhàird; mo thaing cuideachd dha Magaidh Wentworth airson saothair Roy a chur thugam agus dha Nevis Hulme airson cuideachadh leis an t-siostam thar-sgrìobhadh fogharach a bha Roy a' cleachdadh; taing cuideachd dham mhnaoi, Mairead, airson a foighidinn agus a cuideachaidh. Mu dheireadh, mo thaing dha Aonghas Pàdraig Caimbeul airson cead pìos bhuaithe, a' dèanamh luaidh air Roy, a chleachdadh anns an ro-ràdh seo. San àm às dèidh an Dàrna Cogaidh, tha e coltach gun robh e cumanta do bhàird mar Iain Camshron a bhith a' dèanamh òrain a bhiodh air an seinn gu h-ionadail, gu h-àraidh aig àm na Bliadhna Ùire. Tha na h-òrain agus na dàin-òrain a' tighinn fo na cinn moladh àite, bàrdachd èibhinn mu thachartasan agus mu phearsachan ionadail, cogadh, gaol, agus dàn mu na ràithean. Tha beairteas bhriathran ionadail, gaol do thaobh Siar Rois, gu h-àraidh Inbhir Àsdal agus an dùthaich mun cuairt, agus àbhachdas ciùin, fialaidh a' comharrachadh a chuid òran. Anns na h-òrain cogaidh fhèin tha e follaiseach gu bheil cridhe a' bhàird fhathast an Inbhir Àsdal agus gum biodh e toilichte a bhith air ais ann, mar a tha e ag ràdh ann an *Òran an t-Saighdeir Ghàidhealaich*: 'Tha mo chridhe-sa trom mì-chàilmhor/'S mi fad o m' chàirdean is tìr mo rùin ...'

Tha na feartan as fheàrr, cuid dhiubh a dh'ainmich mi gu h-àrd, a gheibhear aig na bàird ris an canar 'bàird baile' rim faighinn anns a' bhàrdachd aig Iain Camshron. 'S e an diofar as motha eadar bàrdachd baile agus bàrdachd an latha an-diugh ris an canar uaireannan bàrdachd 'ealain' gu bheil a' chiad seòrsa stèidhichte ann am beul-aithris agus air a dèanamh airson a seinn agus gu bheil an dàrna seòrsa stèidhichte ann an dualchas litreachais agus air a dèanamh gu ìre mhòir airson a leughadh, agus tha i a' tighinn fo bhuaidh litreachas dhualchasan eile. Chan eil aon dualchas nas fheàrr seach fear eile, ach gu cinnteach tha iad eadar-dhealaichte agus le feartan eadar-dhealaichte. Gu mì-shealbhach, far a bheil coimhearsnachd Ghàidhlig a' seargadh agus far nach eil an cànan air a chleachdadh mar mheadhan labhairt, tha dreuchd bàrd baile a' falbh cuideachd. Bha Iain Camshron agus Roy Wentworth le chèile gu dian agus gu cràidhteach mothachail air sin agus tha an cuid obrach na carragh-cuimhne do shaoghal a tha a' dol à bith.

Bhiodh e iomchaidh an seo beagan a ràdh mu bheatha agus obair Roy Wentworth. Bhiodh e cha mhòr suarach a ràdh gun robh ùidh aig Roy ann am muinntir sgìre Gheàrrloch agus an dualchainnt Ghàidhlig aca: chan e, ach bha gaol aige air an àite, na daoine agus a' chainnt ionadail aca. Thàinig e an toiseach a Gheàrrloch air làithean-saora le athair à Wandsworth ann an Lunnainn sa bhliadhna 1963, 's gun facal Gàidhlig na cheann. Goirid às dèidh sin thuinich e sa sgìre agus chan e a-mhàin gun do ionnsaich e an cànan ach dh'ionnsaich e dualchainnt shònraichte na sgìre a labhairt mar neach on àite.

'S e sgoilear agus neach-rannsachaidh dearbhte a bha ann agus aig àm a' bhàis b' e gun teagamh sam bith am prìomh eòlaiche air dualchainntean na ceàrna. Bha e cuideachd na eòlaiche air ainmean-àite ionadail. Thairis air mòran bhliadhnaichean sgrìobh e sìos le mòr-chùram dearbh fhuaimneachadh agus ciall fhaclan bho luchd-labhairt anns an àite agus gheibhear buil a shaothrach san fhaclair air-loidhne aige de dhualchainnt Gheàrrloch. Chuir e crìoch cuideachd air tràchdas PhD leis an tiotal *Rannsachadh air Fòn-eòlas Dualchainnt Ghàidhlig Gheàrrloch* agus airson sin, às dèidh dha caochladh, bhuilicheadh inbhe Dotair air le Oilthigh Obar Dheathain. Chruinnich agus rinn e clàradh de dh'òrain le bàird ionadail mar Iain Camshron thairis air mòran bhliadhnichean nuair a bha a' Ghàidhlig fhathast ga labhairt gu mòr mar chainnt coimhearsnachd.

Tha fhios gu bheil na thuirt an t-ùghdar agus an craoladair Aonghas Pàdraig Caimbeul mu Roy cuideachd fìor mu Iain Camshron: *B' e sin, saoilidh mi, a bu mhotha a bha ga ghluasad: bàs nan dualchainntean brèagha a bha aig aon àm cho prìseil 's cho blasta anns na diofar pharaistean. Na gnothaichean a bha a' fàgail an t-saoghail cho dathach. Dh'aithnich agus dh'fhairich Roy gum b' e anail nan dualchainntean a bha a' cumail na Gàidhlig ioma-fhillte... mus tug an còrr againn an aire air an olc a bha ceangailte ri dlùth-chruinneas. Ann an iomadaidheachd an t-saoghail, bha sgrios nan dualchainntean a cheart cho marbhtach do Roy agus a bha sgrios coille mhòr an Amazoin: gu dearbh b' e an aon sgrios a bh' ann.*

Bha mòr mhothachadh aig an dithis - aig Roy agus aig Iain - gun robh cànan agus dòigh-beatha a' sìoladh às. Tha na h-òrain a dh'fhàg am bàrd a' cur nar cuimhne am beairteas, agus a' bheairteis a dh'fhaodadh a bhith ann, a tha air falbh gu bràth.

Foreword

It is largely thanks to the late Dr Roy Wentworth that this collection of poems and songs by Iain Cameron, the Inverasdale poet, sees the light of day. Shortly after Roy's sudden death in October 2003 at the relatively young age of 57 his widow Maggie Wentworth sent me a computer disk (which Dr Wentworth had put aside to send me) containing the first 24 songs in this collection, together with meticulous notes on the poems and a short biography of the poet. These form the core of this collection and they are largely presented here in the form Roy left them. Hector MacKenzie of Inverasdale, a nephew of the poet, subsequently gave me copies of other work by the poet in his possession and from these I chose poems 25 to 35. Those poems and songs together make a very fine and interesting collection.

I would like to thank Mr MacKenzie for permission to publish this collection and for encouraging me to do so, and also for information on the life of the poet. My thanks also to Mrs Wentworth for sending me Roy's work and to Nevis Hulme for help with Roy's phonetic transcription system. Thanks also to my wife, Margaret, for her patience and help. Finally, thanks to Angus Peter Campbell for permission to use his quote, in appreciation of Roy, in this introduction.

In the days after World War 2, it appears that it was common for poets like Iain Cameron to compose songs and for the songs to be sung locally, especially at New Year time. The songs and poems-cum-songs come under these headings: praise of place, humorous poems about local events and characters, war, love, and a poem about the seasons. The songs are characterised by a rich local vocabulary and fluency of expression, a great love for Wester Ross, particularly Inverasdale and the surrounding area, and a generous, gentle humour. Even in the war poems it is evident that the poet has never really left Inverasdale and would dearly love to be back there, as he says in *The Song of the Highland Soldier*: 'My heart is heavy and out of humour/for I am far from friends and the land I love ...'

Iain Cameron's verse has all the best characteristics of the work of the so-called 'bàrd baile' or 'village poet', some of which I have mentioned above. The main difference between village poetry and the contemporary poetry that is sometimes called 'art' poetry is that the former is based in the Gaelic oral tradition and made for singing, while the latter has its base in the literary tradition and is largely made for reading and is influenced by what is happening in other literary traditions. One tradition is not better than another, but they are certainly different and have different characteristics. Sadly, where the Gaelic community declines and the language is no longer the main vehicle of discourse, the role of the village poet also goes. Both Iain Cameron and Roy Wentworth were keenly and painfully aware of this and their work is a monument to a world that is disappearing.

It is appropriate here to say something of the life and work of Roy Wentworth. To say that Roy was interested in the people of Gairloch and district and the Gaelic dialect they spoke would be a gross understatement: he was in love with the place and its people and their local language. He first came to Gairloch on holiday with his father from Wandsworth, London in 1963, with not a word of Gaelic. Soon afterwards he settled in the area and not only learned the language but learned to speak the distinctive dialect of the area like a native speaker.

He was truly a scholar/researcher and at the time of his death he was without doubt the foremost authority on the dialects of the area. He was also an authority on local placenames. He scrupulously recorded words with their exact pronunciation and meanings from local speakers over many years and the results of his labours are to be found in his on-line dictionary of the Gairloch dialect. He also completed a PhD thesis in Gaelic entitled *Rannsachadh air Fòn-eòlas Dualchainnt Ghàidhlig Gheàrrloch* (*Investigation into the Phonology of the Gairloch Gaelic Dialect*) for which he was posthumously awarded a Doctorate by Aberdeen University. He also recorded and gathered the songs of local poets such as Iain Cameron over many years while the Gaelic language was still spoken as a community language.

What the author and broadcaster Angus Peter Campbell said about Roy in *The Scotsman*, 29th October 2003, also surely holds true for Iain Cameron: *That was, I believe, what motivated him: the death of the beautiful dialects which were once so valuable and distinctive in the different parishes - the things that made the world colourful. Roy knew and felt that it was the lungs of the dialects that kept the language multi-faceted ... before the rest of us noticed, he was aware of the negative side of globalisation. In the diversity of the world, the destruction of the (local) dialects was just as deadly for Roy as the destruction of the Amazon rain forest: indeed, it was part of the same destruction.*

Both of them - Roy and Iain - were deeply aware that a language and a way of life were dying. The songs he left are a reminder of the richness and potential richness that is forever gone.

Maoilios Caimbeul

Iain Camshron, Inbhir Àsdal

Geàrr-chunntas air a bheatha

Rugadh Iain Camshron air an 28mh den Dùbhlachd 1919 ann an Inbhir Àsdal, far an do chuir e seachad pàirt mòr de bheatha. Fhuair e foghlam ann an Sgoil Inbhir Àsdal, bho 1924 gu 1931, agus ann an Àrd Sgoil Ghèarrloch (Gairloch Secondary School) aig Achadh a' Chàirn, bho 1931 gus an do dh'fhàg e an sgoil san Ògmhìos 1933.

An dèidh dha an sgoil fhàgail bha grunnan obraichean aige. Bha e aig Tuathanas Pholl Iù bhon t-Samhain 1933 gun t-Samhain 1934; bha e ag obair do Chomhairle na Siorrachd (an 'County Council') bho 1934 gu 1935; agus bha e na phreantas ris an t-saoirsneachd ('apprentice joiner') bho 1935 gun Dùbhlachd 1937. Bhon Ghiblean 1938 gun t-Sultain 1939 bha e ag obair ann an taigh-òsta san Òban.

An uair a thòisich an cogadh chaidh a ghairm don arm air an 3s den t-Sultain 1939. Chaidh a ghlacadh aig Arnhem san t-Sultain 1944 agus bha e sa phrìosan an ceann an ear na Gearmailt airson naodh mìosan gus an do leig na Ruiseanaich e ma sgaoil. Leig an t-Arm ma sgaoil e air an 25mh den Dùbhlachd 1945.

Nuair a thill e bhon Arm ghabh e obair aig a' 'Bhoom' (am Boom Defence Depot) air an Allt Bheithe air an 29mh den Ghiblean 1946. Bha e sin na telephonist (29/4/46 gu 10/12/46), na Signalman (11/12/46 gu 22/5/47), na Assistant Storeman (23/5/47 gu 16/7/50) agus na T.C.III (17/7/50 gu 7/3/55). Fhuair e dreuchd stèidhte ('established') air 8/3/55, agus bha e an uair sin na Clerical Assistant (8/3/55 gu 30/8/64) agus na Acting C.O. (31/8/64 gu 10/3/66). Bha e na C.O. (On Trial) agus na E.O. (Temp.) eadar 11/3/66 agus 1/9/77. Tha cuimhne aig daoine air Iain a bhith a' dràibheadh aon de làraidhean an 'R.N.' air ais is air adhart eadar Inbhir Àsdal agus an t-Allt Beithe gach latha.

Phòs Iain Effie NicAsgaill à Caolas Sgalpaigh na Hearadh, agus 's ann dhi a rinn e pàirt de chuid bàrdachd.

An dèidh do dh'Iain a dhreuchd a leigeil dheth chaidh e fhèin is Effie a dh'fhuireach ann an Inbhir Pheofharan, far an do dh'fhan iad gu deireadh am beatha.

Coltach ri iomadh bàrd eile, rinn Iain òrain sam bitheadh e a' moladh a dhachaigh fhèin agus nan dùthchannan mun cuairt. Bha e mar fhasan aige a bhith a' taghadh fonn agus an uair sin a bhith a' cur nam faclan aige fhèin ris. Chaidh a chrùnadh mar bhàrd aig a' Mhòd Nàiseanta san Òban an 1953, agus bha e aithnichte mar 'Bhàrd an Iubaili' no an 'Jubilee Bard'. Bhitheadh Iain cuideachd a' sgrìobhadh dhealbhan-cluiche Gàidhlig. A bharrachd air an seo sgrìobh e àireamh de dhàin Bheurla, agus sgeulachd Bheurla 'David MacPhedran'.

Chaochail Iain agus Effie aig àm glè fhaisg air a chèile ann an 1989: cha robh gann ceala-deug eadar an dà bhàs.

Iain Cameron, Inverasdale

A biographical summary

Iain Cameron was born on the 28th December 1919 in Inverasdale, where he spent a great part of his life. He received his education in Inverasdale School, 1924–31, and in Gairloch Secondary School, Achtercairn, from 1931 until he left school in June 1933.

After leaving school he had a number of jobs. He was with Poolewe Estate from November 1933 to November 1934; he worked with the County Council in 1934–35; from 1935–37 he was an apprentice joiner and from April 1938–September 1939 he worked in a hotel in Oban.

With the outbreak of war he was called up in September 1939. He was captured at Arnhem in September 1944 and he was a prisoner of war in the east of Germany for nine months until released by the Russians. He was demobilised on the 25th December 1945.

When he returned from the army he started work at the 'Boom' (the Boom Defence Depot) in Aultbea on the 29 April 1946. There he was a telephonist (29/4/46–10/12/46), a signalman (11/12/46–22/5/47), an Assistant Storeman (23/5/47–16/7/50) and T.C.III (17/7/50–7/3/55). He was then given an established post as Clerical Assistant (8/3/55–30/8/64) and Acting C.O. (31/8/64–0/3/66). He was a C.O. (on trial) and an E.O. (Temp.) from 11/3/66–1/9/77. People remember Iain driving one of the R.N. lorries back and fore between Inverasdale and Aultbea each day.

Iain married Effie MacAskill from Kyles Scalpay in Harris, and it was for her he made some of his poetry. When he retired he and his wife went to stay in Dingwall, where they were till they died.

Like many other poets, Iain composed songs praising his own home territory and the lands round about. He had a habit of choosing a tune and putting his own words to it. He was crowned bard at the National Mod in Oban in 1953, and he was known as 'The Jubilee Bard' Iain also wrote Gaelic plays. In addition to this he wrote a number of English poems and songs, and an English story, *David MacPhedran*.

Roy Wentworth

Mr Hector MacKenzie, Inverasdale, at the editor's request, gave his own personal impression of Iain Cameron, his uncle, and recorded his memories of him

Iain Cameron was, I suppose, a traditional Highlander. He had a typical Wester Ross upbringing: local primary school, secondary school and a variety of jobs prior to being called up for active service in September 1939. His secondary education was completed at Achtercairn Secondary School (now Gairloch High School), a distance of ten miles from Inverasdale, and owing to the unavailability of transport at that particular period of time, he was only able to come home at weekends: how times have changed!

Iain had a good relationship with neighbours and acquaintances from all walks of life, unpretentious crofter to distinguished Naval official. He had strong convictions on various topics and would vigorously defend his views and principles, particularly in support of his Gaelic heritage. From an early age his 'bardic' sentiments were clearly evident. My mother, Iain's sister, often remarked on how he would strategically place small poems around the house for the intended recipient to locate, usually after Iain had left the building. This poetic method of communication continued on his return from war service. Sometimes his correspondence to my mother would consist of newsletters entirely in rhyme: we still have in our possession these interesting letters.

I remember as a young boy being on excursions and activities with Iain and wondering why on occasions he would produce an old envelope or crumpled piece of notepaper from his pocket and scribble down some words, before continuing on our journey. It was many years afterwards that I realised the significance of what he was doing. Iain was also an accomplished speechwriter. His services were in demand for weddings, after dinner speeches and such like; a talent I'm certain that was appreciated by the individuals concerned.

Iain saw action in France, Africa, Italy, Holland and Germany. In 1944, while serving with the 1st Airborne Division, he suffered severe gunshot wounds after five days' continuous action at Arnhem in Holland, was taken prisoner and eventually transported to a POW camp, where he contracted diphtheria. This illness and his wounds were to plague him for many years. Despite his generally weak condition, he and three comrades successfully escaped and after some perilous adventures returned to the UK via the Black Sea. The next six months were spent in hospitals and convalescent homes receiving treatment and recovering from the after effects of diphtheria, malnutrition and injuries. On medical advice and as he 'ceased to fulfil army Physical Requirements', he was discharged on 25.12.45, arriving home in Inverasdale in time for the Callainn*.

On return to civilian life, and being finally established on a permanent basis at the Naval Base at Aultbea, his health improved, his injuries healed and in due course he resumed his passion for loch and sea fishing and other country pursuits. He assisted his parents on the croft and gradually took over full responsibility after the death of his mother in 1953 and as his father's health deteriorated. For a few years he enjoyed comparatively good health, until old war injuries returned to plague him and he had to be admitted to hospital in 1950, and again in 1952. for the removal of shrapnel and other war-related injuries. These admissions were to prove the forerunner of many – an unfortunate sequel to his war service.

As is evident in his songs, particularly 'An Saighdear', the war had a profound effect on Iain. He had witnessed at first hand the ravages and horrors of fighting in Europe and Africa and often commented that we should never 'take for granted' the privilege of living in peace and freedom. He seldom mentioned his war exploits, although it is apparent from the snippets he revealed that he had some harrowing experiences.

During his captivity he would attempt to 'blank out' reality and in vision climb to the top of Creag Chòimh, from where a panoramic view of Inverasdale and district was visible. This simple exercise and his 'composing' provided him with hope and encouragement. In his own words: 'The vision looms quite clearly/One thing I know/Back home I'll go/To the land I love so dearly' (this being the last verse of 'The Exile', composed while he was in captivity).

Iain's songs are frequently requested at ceilidhs and concerts, and through the media of TV and radio his songs are once again being recorded at professional level. Other family members and I often receive requests for tape copies of his songs. This in itself indicates the lasting impact his work has had on the community and indeed further afield.

To conclude, Iain Cameron had a strong affinity with Wester Ross, its people, customs and traditions. On reflection, I realise how fortunate we were to have him living among us until deteriorating health necessitated his moving to Dingwall. I consider it an honour to have had the opportunity to contribute to the publication of this book. It has rekindled many, many happy memories.

Finally, I would like to thank Mr Myles Campbell for gallantly undertaking and completing the work commenced by the late Dr Roy Wentworth. It is largely thanks to him also that this collection of poems and songs by Iain Cameron the 'Jubilee Bard' sees the light of day.

Hector MacKenzie
Inverasdale, 1st March 2005

Callainn - New Year's Day

Nota bhon neach-deasachaidh

Bha an Dr Roy Wentworth a' leantainn riaghailt chudromach ann a bhith a' sgrìobhadh òrain agus fhaclan o bheul-aithris: bha e ga sgrìobhadh dìreach mar a bha daoine gan ràdh san dualchainnt. Tha seo a' ciallachadh gu bheil faclan san leabhar nach eil a' leantainn an litreachaidh àbhaisteach, mar eisimpleir, lium airson leam; leag/leig; raithneach/raineach; plaingeaidean/plangaidean; dochainn/dochann; seòltair/seòladair; rìoghainn/rìbhinn agus mòran eile. Chan e sin a-mhàin ach uaireannan tha barrachd air aon riochd ann airson facal/abairt, mar eisimpleir òran/amhran; Locha Dringe/Locha Druing. Do leughadair a tha ag iarraidh sùil mhionaideach a thoirt air dualchainntean Ros an Iar, mholainn am faclair iongantach sin a tha a-nis ann an clò, *Faclan is Abairtean à Ros an Iar.* Saothair beatha da-rìribh leis an Dr Wentworth.

Editor's Note

Dr Roy Wentworth followed an important rule when transcribing songs and words from oral sources: he wrote down exactly what people said. Thus there are words in the book which do not follow the usual spelling, for example lium for leam; leag/leig; raithneach/raineach; plaingeaidean/plangaidean; dochainn/dochann; seòltair/seòladair; rìoghainn/rìbhinn and many more. Not only so, but sometimes there will be more than one spelling of a word/phrase, for example òran/amhran; Locha Dringe/Locha Druing. For the reader wishing to further explore the dialects of Wester Ross, I would recommend the wonderful dictionary now in print, *Gaelic Words and Phrases from Wester Ross.* A life's work indeed by Dr Wentworth.

Maoilios Caimbeul

Iain a' faighinn Crùn a' Bhàird aig Mòd an Òbain ann an 1953
Iain being crowned Bard at Oban Mod 1953

Inbhir Àsdal nam Buadh

Sèist   Seinnibh le fonn Inbhir Àsdal nam buadh,
Seinnibh le fonn Inbhir Àsdal nam buadh,
Seinnibh le fonn Inbhir Àsdal nam buadh,
Cumaibh suas Inbhir Àsdal san dùthaich mun cuairt.

1   Ho-rò chan eil àite san robh mise riamh,
Ged gheobhainn mo roghainn dhe gach àit' 'n ear no 'n iar,
Am b' ait leam bhith fuireach 's am b' fheàrr leam bhith triall,
'S mur fhaighinn mo dhachaigh ann 's mise bhiodh ciar.

2   Sa mhonadh tha sgaoilte le aonaich gu leòr,
Far 'n d' shaothraich ar sinnsir le dìcheall son lòn,
Toirt ruaig air nam buachaill 's iad suaimhneach gun stòr,
A' faighinn na bha dhìth orr', cha robh sùil ac' ri còrr.

3   Agus latha an trusaidh bidh drip anns an àit',
Gach fear mach sa mhadainn le bhata na làimh,
Le bhag' air a ghualainn 's a chù mu a shàil –
Thèid gach beathach air monadh a thrusadh gun dàil.

4   Sa gheamhradh bidh uisg', gaoth is fuachd ann ma seach,
Is uairean bidh reodhadh is uairean bidh sneachd;
Bidh teine math mòine cur blàths anns gach teach,
Nochdadh coibhneas is aoigh anns gach aon ac' mar chleachd.

5   Is ged a bhiodh connspaid aig cuid an aghaidh chàich,
Cha mhair e ach sealan, 's mar as giorra 's e 's fheàrr:
Ach tha e cho soilleir ri àrd-mheadhan-là
Gur e sìth agus rian agus nàbachd as fheàrr.

6   An uair thig thu timcheall aig Sròin na Luirge Ruaidh',
'S a sheallas tu nuas Inbhir Àsdal nam buadh,
Air latha brèagha samhraidh 's a' ghrian 'g èirigh suas,
Chì thu sealladh cho àlainn 's a th' air an taobh tuath.

7   Agus anns a' mhonadh tha sgaoilte mun cuairt
Mu thimcheall Creag Chòimh is shìos mu Loch Sguat,
An àirde nan Gasgan 's nam Botaichean Shuas –
Tha gach cnoc agus alltan ann iomchaidh air luaidh.

Inverasdale of the Virtues

Chorus: Sing with spirit Inverasdale of the virtues (3), uphold Inverasdale in the country round about.

1. Ho-ro there's nowhere I have ever been, though I'd get my choice of each place east or west, in which I should more gladly stay or prefer to journey round, and if I could not get my home there I should be so sad.

2. In the moor that is spread with hillsides in plenty, where our ancestors laboured with diligence for their provision, roving over it as herdsmen, tranquil without store, getting what they needed, they did not expect more.

3. And on gathering day the place is full of activity, every man out in the morning with his stick in his hand, with his bag on his shoulder and his dog at his heel – every beast that's in the hill will be soon gathered.

4. In the winter there will be rain, wind and cold in turn, and sometimes there will be frost and sometimes snow; a warm peat fire will be warming each home, showing kindliness and a welcome in each one, as is their wont.

5. And though some might dispute with others it will only last a little while, and the shorter the better: but it is as clear as high noon that peace and order and neighbourliness are best.

6. When you come round the corner at the Lurg Ruadh and you look down to Inverasdale of the virtues, on a fair summer's day with the sun rising, you'll see a view as beautiful as any in the north.

7. And in the hill spread round about, around Creag Choimh and down by Loch Squod, up at the Gasganan [hollows] and the *Botaichean Shuas* [upper peat hags] – each knoll and burnie there is worthy of mention.

Inbhir Àsdal Taobh Loch Iù

Sèist Inbhir Àsdal taobh Loch Iù,
Inbhir Àsdal bòidheach ciùin,
Inbhir Àsdal taobh Loch Iù,
Guma thaitneach leam bhith fuireach ann.

1 Am Baile Meadhan is am Blàr,
Na Bruthaichean is Gleann an àigh,
On Eirtheire gu ruig thu Nàst,
Tha càirdean bàidheil lurach ann.

2 Chan eil ceàrnag anns an sgìr
Far am b' fheàrr leam fhìn a bhith,
Nuair a bhios mi acrach sgìth
Cha bhi dìth bìdh no h-uireasbhaidh.

3 'S miann leam bhith a' gabhail cuairt
Ri taobh na mara anns na bruaich,
Ceòl na mara nam chluais,
Is àille chuain gam chuireadh ann.

Inverasdale beside Loch Ewe

Chorus: Inverasdale beside Loch Ewe, bonny peaceable Inverasdale, Inverasdale beside Loch Ewe, it would be pleasant for me to live there.

1. Midtown and Blair, Brae and Glen of joy, Coast as far as Naast, fond and pleasant friends are there.

2. There's no corner in the district where I myself would prefer to be, when I am tired and hungry there'll be no want of food, or lack.

3. I like to be taking a walk beside the sea in the cliffs, the music of the sea in my ears and the ocean's beauty inviting me there.

Tog ort a Locha Dringe

1   'Tog ort a Locha Dringe
    A bhreacach,' ars an ceannaiche,
    'Thoir leat do shlat 's do thaibhne
    Is aran-coirc' mus fannaich thu;
    Ged tha mo ghlùn na èis dhomh
    Tha spionnadh fhathast nam cheuman,
    Nach tèid sinn sìos le chèile,
    Oir tha miann èisg a' cur annas orm.'

2   'A-nis b' e sin an fhaoineis,'
    Ars Eilidh is gàir' fanaid oirr',
    'An t-iasg bhios sinn às aonais
    Mur b' e 'm bradan tha sa chanastair;
    Tha 'n leas air tighinn fo rineag
    'S tha 'n eacarsaich air sìneadh
    Nach sguir sibh de ur fileadh
    'S a' mhòine fhathast gun sgeadadh oirr''.

3   'Chan eagal dan a' mhòine,
    'S is blian lium bradan Chanada,
    Ged chuire' tu air a' bhòrd e
    Le sabhsaichean is saladan,
    Oir tha bric san Fhèithe Dìreach
    Cho blasta is cho brìgheil,
    Mur fhaigh mi dhà no thrì dhiubh
    Tha mise meallt,'' ars Alasdair.

4   Air Loch na Fèithe Dìreach
    Bha na bric a' cluich nam ficheadan,
    An t-uisg cho ciùin 's cho sìtheil oirr',
    Cha robh brìos gaoithe idir ann;
    Ann an sin b' fheudar dhuinn fhàgail,
    An dòchas gum biodh càil orr'
    Air Loch na Claise Càrnaich
    'S gum faighe' sinn iasg mus tilleadh sinn.

5   A-nis air eagal uachdarain
    Is gheamairean is gilidhnean,
    Cha robh sinn idir cluasach
    Le ar teangaidhnean 'n àm tilleadh dhuinn;
    Fhuair sinn dhachaigh sàbhailt,
    'S chaidh iomradh feadh an àite
    Gun robh an cat glan sàsaicht',
    Gun d' fhuair e uimhir 's a dh'itheadh e.

Go off to Locha Dringe

1. 'Go off to *Locha Dringe*, to go trout-fishing,' said the merchant, 'take your rod and landing-net, and oatcake in case you get faint; although my knee is a hindrance to me, there's still power in my step, won't we go along (to the north) together, for craving for fish is making me think it such a treat.'

2. 'Now that would be silly,' said Eilidh with a mocking laugh, 'the fish which we'll be without, if it wasn't for the tinned salmon; the garden's become overgrown with weeds, and the nonsense has started, won't you stop your prowling, while the peats are still not put in order.'

3. 'There's no need to worry about the peats, and I think the Canadian salmon is tasteless though you'd serve it on the table with sauces and salads, for there are trout in the *Fèithe Dìreach* so tasty and so juicy, if I don't get two or three of them, then I'm deceived,' said Alasdair.

4. On *Loch na Fèithe Dìreach* the trout were playing in scores, the water so calm and peaceful, there wasn't any breeze of wind at all, then we had to leave it, hoping that they'd have an appetite on *Loch na Claise Càrnaich*, and that we'd get some fish before we'd return.

5. Now for fear of landlords and gamekeepers and gillies, we weren't at all careless with our tongues during the time we were returning; we got home safely, and a report went through the place that the cat was well satisfied, that it got as much as it could eat.

Locha Druing

1   Chan e smuaintean air mhànran
'S a' Cheòlraidh gun àird oirr',
A dh'iarrainn an tràth seo
    Gu d' àilleachd a sheinn;
Gun bhuadhan ro làidir,
Gun shnas-bhriathrachd cànain,
A bheil mi ro dhàna
    Toirt làimh air na rainn?
'S e do mhaisealachd àlainn
Tha gluasad mo bhàrdachd
'S mi caoidh mo chion tàlann
    Thaobh dhàin Locha Druing.

2   Tha mulad is cràdh orm
Nuair chì mi an t-àite
Far an robh na Gàidheil
    Bu làidire druim;
Chan fhaic mi den bhàitheach,
Den t-sabhal 's den àthainn
Measg fearann neo-àiticht'
    Ach làraich bheag' chruinn;
An luachair a' fàs
Air na buailean 's na màghan
Gun bhothan, gun fhàrdach
    Aig bràigh Locha Druing.

3   'S i 'bhochdainn mhì-chàilmhor
A dh'fhuadaich ar càirdean,
Is reachdan is àithnean
    Bha gràineil gun loinn;
Is dh'fholbh iad thar sàile
Gu dùthchannan àghmhor
Far am bitheadh iad sàsaicht'
    Ag àrach an cloinn;
Tha 'n t-àite 'n-diugh fàsail
'S an saothair fo sgàil-bhrat,
Ach chan fhàg buadhan nàdair
    Gu bràth Locha Druing.

4   Sa cheàrn seo as bòidhche
Bha Teàrlach air fhògair,
'S a nàimhdean gun tròcair
    An tòir air sna glinn;
Fir-àicheadh a chòir-bhreith
Ga shireadh sna còisean,

Toirt duais-chinn is òrdugh
   Nach còrdadh ri suinn;
Ach fhuair e àit' sònraicht'
Is dh'fhàg e chuid òir ann,
'S cho cinnteach 's as beò mi
   Siod còir Locha Druing.

5   Tha preasan a' fàs
Anns na h-iomchuairtean àraidh,
Cho dosrach, dlùth, blàthmhor,
   Le fàileadh ùr mìls';
Tha 'n iadh-shlat mun ghàrradh,
Lus a' chraois is an àirneag,
'S an t-sòbhrag bheag, chàirdeil,
   Mar b' àbhaist cho grinn;
Lus nam ban-sìth cho stàtail
A' crathadh cinn àrda –
Tha lusan gun àireamh
   Mu phàirc Locha Druing.

6   Tha beithe is caorann
Is calltainn shlat-chaolach
A' fàs taobh ri taobh ann,
   'S chan ioghnadh sin leinn;
An giuthas cruaidh aosta
Le meanglanaibh sgaoilte
Air cromadh 's air aomadh
   Le gaothan chuain luim;
Toirt fasgaidh do chraobhan
'S do fhailleanan maotha;
Bho ghaillinn na Faoillich
   Gur saor Locha Druing.

7   Tha 'n earb is an ruadh-bhoc
Rim faicinn sna bruachaibh
Ag àileis 's a' tuasaid
   Mun cuairt air na linn;
Gur biorach an cluasan
'S an sùil faireil, luaineach,
Air eagal an ua-bheist
   Tha ruagadh gun suim;
'S e innleachd na truaighe
Am fùdar 's an luaidhe
As tric tha gam fuadach
   À cluain Locha Druing.

8   An eunlaith ri ceòl-chuirm
'S a' ceileir air ògain,
An lon-dubh 's an smeòrach
    A' geòlam gu binn;
An t-adharcan seòlta
A' maoidheadh 's a' steòcail
'S an uiseag le h-òran
    Sna neòil os an cinn;
Gheibh fitheach is ròcais
Gu minig an lòn ann,
'S tha 'n speireag na bòcan
    Do eòin Locha Druing.

9   Air na lochannan ìosal
Tha boillsgeadh gu ciatach,
Cò e an t-iasgair
    Nach iarradh co-roinn?
Bu chleachd leam bhith shìos ann
Lem dhriamlach is biathadh,
A' fainneamh 's a' siabadh
    Ri cliathaich na coill;
Do gach aimhreit is iargain
Len do shàraicheadh riamh mi
Bha ùrchasg is ìocshlaint
    Aig crìoch Locha Druing.

10   Na blàir chanach mhìn-gheal,
Na fuaranan brìoghmhor,
Na caochain uisg' fhìorghlan,
    Na linntean 's na h-uillt;
Na glaicean gorm sìtheil
San àrd-mhonadh sìnte,
Gum bi iad seo sgrìobht' air
    Clàr m' inntinn a chaoidh;
Chaidh òirdhearcas phrìseil
Le saidhbhreachd trì-fillte
A dheachdadh gu cinnteach
    Air glinn Locha Druing.

11   Do chòmhstri is euceart
Tha mhòr-chuid a' gèilleadh;
Le uaibhreachd is èiginn
    Tha lèireadh is caoidh;
Na cinnich troimh-chèile
Air feadh a' Chruinne-Cè seo,
Ar nàimhdean a' beucaich,

'S làmh Dhè gar claoidh;
Ach misneach cha thrèig sinn
Ma bheir sinne spèise
Don Tì sin a stèidhich
   Gu gleust' Locha Druing.

Loch Druing

1. It is not wandering thoughts, and the muse disordered, that I would wish at this time in order to sing your beauty; without very strong endowments, without articulate use of words of language, am I too bold in turning my hand to verses? It is your lovely beauty that inspires my verse, while I lament my lack of talent as regards the poem of *Locha Druing*.

2. I feel sorrowful and pained when I see the place where the Gaels were, of strongest back; of the byre, the barn and the kiln, amongst uncultivated land, I can see only small round ruins; the rushes growing in the folds and on the rigs, without hut or building, at the top of *Locha Druing*.

3. It was distasteful poverty that drove our relations away, and statutes and orders that were loathsome and repulsive; and they went overseas to joyful lands where they would be contented raising their children; the place is today deserted and their labour under a veil, but the virtues of nature will never leave *Locha Druing*.

4. In this most beautiful region Charles was outlawed, and his merciless enemies in pursuit of him in the glens; men who would deny his birthright seeking him in caves, offering a reward and giving an order with which heroes would not agree; but he found a special place and he left his gold there, and as sure as I live that belongs to *Locha Druing* by right.

5. Bushes grow in these particular surroundings, so luxuriant, thick and blossomy, with a fresh scent of sweetness; ivy is about the dyke, honeysuckle and sloe, and the little friendly primrose, so lovely as usual; the foxglove so stately, waving high bells – there are plants without number about the park of *Locha Druing*.

6. There are birch and rowan, and hazel of slender wands, growing side by side there, and that is no wonder to us; the hard aged fir with its spread branches, bent and leaning with winds of the bare ocean; giving shelter to trees and to tender shoots: from the wintry weather of February *Locha Druing* is free.

7. The roe doe and buck are to be seen in the banks, playing and fighting around the pools; their ears are pricked, and their eyes watchful and restless, for fear of the monster that pursues without regard; the instrument of woe is the powder and lead which often drives them away from the pasture of *Locha Druing*.

8. The birds in concert and singing on branches, the blackbird and thrush warbling sweetly; the wily lapwing threatening and strutting and the lark with its song, and the clouds above them; ravens and crows will often get their food there, and the sparrowhawk is a bogey to the birds of *Locha Druing*.

9. On the low lochs that shine beautifully, what fisherman would not wish a share? It was my custom to be down there with my line and bait, rowing and casting by the side of the wood; for each trouble and sorrow by which I was ever oppressed there was an antidote and a remedy at the bounds of *Locha Druing*.

10. The peat stretches of smooth white cotton-grass, the health-giving springs, the streamlets of pure water, the pools and the burns, the green peaceful hollows lying in the high moor – these will be written on the tablet of my mind forever, a precious splendour with a threefold plenty has been certainly indited of the glens of *Locha Druing*.

11. To strife and injustice most people yield; with arrogance and distress there is torment and mourning; the nations in upheaval throughout this world, our enemies roaring and the hand of God afflicting us; but courage will not desert us if we bestow regard on the One who established, so skillfully, *Locha Druing*.

Fhir a tha air choigreach uainn

1   Fhir a tha air choigreach uainn,
     Na bi luaineach nas fhaide,
     Don a'Ghàidhealtachd mu thuath
     Thig gu luath – 's dèan do dhachaigh.

2   An Tìr bhòidheach shònraicht' ghrinn
     Le gach seòrsa de shochar,
     Thig is aontaich ris na glinn
     Is bidh sìth dhut mar thochar.

3   Ach bhon dh'fhalbh na laoich bha treun
     Chan eil èis air an raithneach,
     Air an stairsich tha am feur
     'S air a' cheum fraoch is canach.

4   'N talamh-àiteach air dol fàs,
     Luachair àrd air na h-achaidh;
     Chan eil duine tighinn 'n an àit',
     Na tha 'm bàs a' toirt dhachaigh.

5   Gheibh thu fois a ghleadhrachd sràid
     'S o dhrip thràilleil nam bailtean;
     Tha toil-inntinn is sìth-thàmh
     Anns a' Ghàidhealtachd ra mhealtainn.

You who are living abroad away from us

1. You who are living abroad away from us, be no longer restless, to the Highlands in the north come quickly – and make your home.

2. The bonny, special, fine land, with every kind of benefit, come and accept the glens, and there will be peace for you as a dowry.

3. But since the heroes who were brave have gone there is nothing to hinder the bracken; on the threshold there is grass, on the path heather and cotton grass.

4. The arable ground has become waste, rushes high on the fields; there is no-one coming to take the place of those whom death is taking home.

5. You'll get peace from the noise of streets and from the slavish activity of the towns; there is contentment and tranquility in the Highlands to be enjoyed.

A' gearradh an arbhair aig 22 am Baile Meadhain.
Iain, a phàrantan agus a bhràthair, Ruairidh, a bha na b' òige.
Cutting the corn at 22 Midtown.
Iain, Iain's parents and younger brother, Roddie

Iain 's a dheagh charaid agus a nàbaidh, Dòmhnall MacIllFhinnein.
(Agus an t-each fo uidheam.)
Iain with good friend and neighbour, Donald Maclennan.
(Horse ready for work.)

Iain le a phiuthar Seasaidh, agus a bhràithrean Murchadh agus Ruairidh. Bha a' bhana leis na Leathanaich às an Allt Bheithe: bhiodh Murchadh a' dol mun cuairt na sgìre a' reic feòil agus groiseareachd.
Iain with his sister Jessie, brothers Murdo and Roddie. Van belonging to Macleans of Aultbea: Murdo travelled round the district selling meat and groceries.

Aon de na bacan mu dheireadh a thathas a' cur gu feum ann an Inbhir Àsdal.
One of the few peat banks still in use in Inverasdale.

Pàrantan Iain a' dol dhan choinneimh.
Iain's parents going to the meeting.

Iain agus a phiuthar, Seasaidh.
Iain and his sister, Jessie.

Iain agus a bhràthair Murchadh ri taobh a' phoirdse aig 22 am Baile Meadhain.
Iain with his brother Murdo beside porch at 22 Midtown.

Le a bhràthair Murchadh air a' mhotair-baidhsagal: tha bhana nan Leathanach anns an dealbh cuideachd.
With his brother Murdo on motorbike: Maclean's van also in picture.

Cladaich Loch Iù

Sèist   Ri taobh Cladaich Loch Iù; leag dhomh siubhal gun èis
Am miosg mo luchd-dàimhe 's mo chàirdean gu lèir,
Ann an dùthaich mo shinnsear, miosg dhìlsean cho dlùth:
Nach tlachdmhor an tìr seo, mu Chladaich Loch Iù.

1   Bho àm sìth-thàimh na maidne, aig bristeadh an là,
Gu uair laighe na grèine, le flaitheileachd àrd,
Tha a' Chruitheachd a' dòrtadh òirnn seolladh às ùr
Gach latha agus oidhche, mu chladaich Loch Iù.

2   Tha na beanntaichean àrda cur dìon air an t-sliabh,
Gu cruinn, corrach, sgorach, 's iad dùbh-ghorm is liath;
Tha dubharan sgòthach, 's na neòil, os ar cionn,
A' roghnachadh dreach dhuinn, mu chladaich Loch Iù.

3   Far bheil eunlaith na mara le cainntearachd cuain,
Agus eòin bheag a' bhaile le caithream nar cluais;
Tha an t-àile ghlan chùbhraidh, an ionad cho ciùin,
Toirt cuireadh às ùr dhuinn, gu cladaich Loch Iù.

4   Fhad 's a bhuaileas na tuinn, air muir-làn no muir-tràigh,
Air na cladaich as fheàrr leam, ann an dùthaich mo ghràidh,
Tha sìor mhaisealachd nàdair gach là mu ar gnùis,
Toirt ùrachadh làitheil, mu chladaich Loch Iù.

The Shores of Loch Ewe

Chorus: By the shores of Loch Ewe let me journey without hindrance, amongst all my relations and friends; in the country of my ancestors, amongst such close kindred: is not this land pleasant, about the shores of Loch Ewe.

1. From the time of the morning's tranquillity, at the break of day, to the hour of sunset, with high stateliness, the creation pours on us a new view, every day and night about the shores of Loch Ewe.

2. The high mountains guard the moor, round, steep and serrated, dark blue and grey; cloudy shadows, and the clouds, are above our heads, selecting the hue for us, by the shores of Loch Ewe.

3. Where the seabirds are, with chanting of the ocean, and the little birds of the township with a joyful sound in our ears; the clean fragrant air, in a place so peaceful, invites us anew to the shores of Loch Ewe.

4. As long as the waves beat at high tide or low tide on my favourite shores in the land I love, the eternal beauty of nature is every day before our face, bringing daily renewal, about the shores of Loch Ewe.

Amhran dhan Uamhghaidh

Fonn   Tha 'n Uamhghaidh taitneach fasgach leam,
Àit' tlachdmhor sna gairbh-chrìochan;
Na còisean is an acarsaid
Nan aiteas is nan ìocshlaint.

1   'S na fàrdaichean tha càirdeil còir,
Cho àirdeil, rianail, dòigheil;
Gur cridheil, bàidheil iad mun bhòrd,
Toirt aoigh is lòn do dh'fhògraich.

2   Muir ri làimh, 's tha siùil is ràimh
Is taghadh bhàtan ciallach;
Le beagan dàil, a' siubhal air sàl,
Chan fhad' às àit' an iasgaich.

3   Deas ri sliabh is glaicean feur,
Far am bi fiadh a' bùrrail,
'S ri lochan iasgaich, sìtheil, ciatach –
'S tric a shiab mi ùin' orr'.

4   Tha 'n eunlaith ghnàth sa Chamas Bhàn,
Tunnag 's ràc is brìdean,
A' ghèadh le h-àl, 's an eal' le stàirn,
Sùlair cho àrd 's a chìtear.

5   Nuair thig droch uair le gaoth a tuath,
Bidh fairg' a'chuain a' dìreadh
Ri creagan uasal, daingeann, gruamach –
Cha dèan suaile nì orr'.

6   Sa gheamhradh fhuar thig gaoth is fuachd,
Cha chuir sin fuachd no sgàth orr',
Tha mhòin' sa chruaich, 's tha 'm botal shuas,
'S na fir bhios fuar, thèid blàths orr'.

Song to Cove

Chorus: Cove is to me pleasant and sheltered, a delightful place in the rough bounds; the caves and the anchorage are a delight and a balm.

1. The dwellings that are friendly and kind, so looked-after, orderly and contented; they are cheerful and affectionate about the table, giving hospitality and food to an exile.

2. Sea at hand, and sails and oars, and choice of sensible boats; with little delay, going on salt water, and a place for fishing is not far off.

3. Handy for moor and hollows of grass where deer bellow, and by fine, peaceful fishing lochs – often I cast for a while on them.

4. There are always birds in the *Camas Bàn*, duck and drake and oyster-catcher, the goose with its brood and the swan with pride, gannet as high as one can see.

5. Then bad weather comes with a north wind, a rough sea will climb (up) noble, firm, threatening rocks – a swell will do them no harm.

6. In the cold winter comes wind and chill, that won't make them cold or fearful, the peat's in the stack and the bottle is up (*on the shelf*), and those who are be cold, they'll get warm.

Stiùir mo Chùrsa

Sèist   Ò stiùir mo chùrsa gu tìr mo dhùthchais,
Ò stiùir mo chùrsa gu tìr mo ghràidh,
Ò stiùir mo chùrsa gu tìr mo dhùthchais
A tha mi 'g ionndran a dh'oidhch' 's a là.

1   Cha toirinn taing dhut air tìr na Frainge,
Theab mi bhith caillt' ann le poll gu leòr;
Nuair thug iad dhòmhsa na casan mògaich
Is an t-seilcheag chòcaicht', cha d' iarr mi 'n còrr.

2   Chan eil an Òlaind gu dearbh gam chòrdadh,
Bha 'n talamh còmhnard, cho ìosal sìnt',
Na cuaintean maoidheadh na ballan a sgaoileadh –
Gu dearbh cha chaomh leam bhith 'm chòmhnaidh innt'.

3   Africa fhàsail – gun d' ghabh mi tàmh ann,
Bha 'n teas cur gràin orm, bha 'n t-uisge gann;
Le teas na grèine, thrèig leth mo chèill' mi –
Le òr na h-Èipheit chan fhanainn ann.

4   'N Eadailt na h-òcraich aig cinne neònach
A bhios a' ceòl riut a' mealadh ùin';
Mar sheann chait sheòlta, a bhiodh thu sròiceadh,
Ged bhiodh e 'crònan, thèid spliug nad shùil.

5   Ruisia fhuar ud, gun d' ghabh mi cuairt ann:
Am miosg an t-sluaigh ud, bha mi air chall;
Bha iad cho spuacach, gun iochd gun truas annt',
Chan fhanainn uair ann, nam faodainn falbh.

6   Ò stiùir mo chùrsa gu tìr mo dhùthchais,
Tìr fhallain chùbhraidh nan stùc 's nam beann;
An àileadh ùr chuireadh tuilleadh sunnd rium
Air slios Loch Iù, bidh mi sona ann.

Steer My Course

Chorus: Oh, steer my course to my native land; oh steer my course to the land I love; oh, steer my course to my native land that I am missing day and night.

1. I wouldn't thank you for the land of France, I was nearly lost there, with enough of mud; when they gave me toad's legs and cooked snail, I didn't ask for more.

2. Holland indeed does not agree with me, the land was flat, so low and spread out, the seas threatening to burst the walls, I do not indeed like to live there.

3. Desert Africa, I rested there, the heat oppressed me and the water was scarce; with the heat of the sun half my senses left me, for the gold of Egypt I wouldn't stay there.

4. Italy (was) a midden for a queer people who'll sing to you in passing the time, like sly old cats that you'd be stroking, though it would be purring, spit would go into your eye.

5. That cold Russia, I made a visit there: among that people I was lost; they were so sullen, without compassion or pity, I wouldn't have stayed there an hour if I could have got away.

6. Oh, steer my course to my native land, the healthy, fragrant land of the peaks and mountains, the fresh air which would give me more fitness by the side of Loch Ewe, I'll be happy there.

Sgìr Ghèarrloch Rois an Iar

Sèist   Bha riochd is dreach an àite seo
        Gam thàladh thuige riamh,
   Beanntaichean is gàrraidhnean
        Is màig aig bun an t-sliabh;
   Fhuair mi sìth is sàmhchair ann
        Miosg chàirdean bàidheil fial
   Sa chlachan san deach m' àrach
        An Sgìr Ghèarrloch Rois an Iar.

1   Monadh fraochach flùranach
        Le stùcan àrd glas-liath,
   Baic is glaic is cùiltean ann
        Is cùiltean fasgach shìos;
   Mullaich lom, glan, rùisgte
        Air an sgùradh leis an t-sìan,
   'S an samhradh a' toirt ùrachdainn
        Do ghnùis-dhreach Rois an Iar.

2   Dhìrinn ris na h-aonaichean
        Thar aodainnean an t-sliabh
   Gu gasganan gorm braonach
        Far an saoilinn am biodh fiadh,
   Gu èalaidh air a thaobh-leis,
        Thar na caochanan 's tron riasg,
   'S an oidhche sin bhiodh staoigean ann
        Gu saor an Ros an Iar.

3   Nuair fhreagras àm is cùisean
        Chum na duirgh a chur an rian,
   'S lìn-bheag a chur sna sgùilichean
        Gu cùramach, rèidh, biatht',
   Thèid bàt' fo làimh bhrod stiùradair
        Gu grunnd am faightear iasg,
   'S bheir 'n sgioba sgairteil, shunndach ud
        Iasg ùr gu Ros an Iar.

4   Cha shoirbhich leisgean mì-chiatach,
        'S cha chinnteach dha a bhiadh,
   Ach iadsan a tha dìcheallach
        A' strì ri lìn is iasg,
   A' croitearachd 's a' cìobaireachd
        'S an inntinn air an gnìomh,
   Tha 'n cuid 's an crannchur cinnteach dhaibh,
        Dha-rìreabh 'n Ros an Iar.

Gairloch Parish Wester Ross

Chorus: The form and fine appearance of this place were always attracting me to it, mountains and gardens and fields at the foot of the moor; I've had peace and quiet there, amongst fond and generous friends in the village in which I was brought up, in Gairloch Parish, Wester Ross.

1. A heathery, flowery hill with high, pale blue peaks, banks and hollows and corners there, and sheltered nooks below, bare tops, stripped clean, scoured by the elements, and the summer brings renewal to the appearance of Wester Ross.

2. I'd climb to the heights, over the faces of the moor, to dewy green hollows where I'd expect a deer to be, to stalk on his downwind side, across the streamlets and through the sedge, and that night there'd be steaks to be had for free in Wester Ross.

3. When time and circumstances are suitable for putting hand-lines in order, and for putting small-lines in their baskets, carefully sorted and baited, a boat under the hand of the best of steersmen will go to a ground where fish are to be found, and that energetic, cheerful crew will bring fresh fish to Wester Ross.

4. A lazy, unwilling fellow will not prosper, and his food won't be certain for him; but those who are diligent, striving with nets and fish, crofting and shepherding, with their mind on their work, their means and their lot are truly certain for them, in Wester Ross.

Mìosachan Bòidheach na h-Alba MCMXLV
Le Fìor-shamhlachas nam Mìosan

1   Thàinig Mìosachan ùr gun ghaoid gun mhearachd
      Bho m' chàirdean thugam thar sàl:
      Air toiseach gach clàir gu h-àlainn maiseach
      Tha dealbhan eireachdail àilt,
      Ag innse le tùr gu teòmach snasail
      Gach mìos is seachdain is là
      Tha san naoidheamh ceud deug seach còig 's dà fhichead,
      A' bhliadhna th' againn an-dràst'.

Am Faoilleach

2   'S e am Faoilleach a' mhìos tha fiadhaich greannach,
      Gu gnùtha doineannach borb,
      Toirt lèireadh gu geur air sprèidh a' mhonaidh –
      Tha truaighe 's gainne na lorg;
      Tha an sneachd air a' mhaoil 's na raoin air reodhadh,
      Is aogasg sheasg air gach tolm,
      'S duilleach nan craobh 's feur-saidhe na machair
      Air seargadh buileach air folbh.

An Gearran

3   Bidh nàdar na dùisg gu ciùin sa Ghearran,
      Toirt ùrachd beatha don fhonn;
      Thig treise agus tlus às ùr na casan,
      Cur treòir is neart anns gach tom;
      Bidh freumhan nan craobh 's bun maoth nam preasan
      A' deothaileadh smior às a com,
      'S gheibh meanganan lom nan crann sa choille
      Ath-nuadhachd deòthas nam bonn.

Am Màrt

4   Bidh an tuathanach gleust' gu treun a' treabhadh
      Gun èis aig toiseach a' Mhàirt,
      Bidh crann agus cliath gu dian an tarraing
      'S an sìol ga chur anns gach màg;
      Bidh mathachadh dlùth air grunnd gach faiche
      Cur sùgh is snodhadh sa bhàrr,
      'S bidh buidheannan tùrail sunndach geanail
      Le sùrd a' cur a' bhuntàt'.

An Giblinn

5   Thig an Giblinn na thìm gu sìtheil cannach
      Toirt lùths is spionnadh don sprèidh,
      Cur misneachd às ùr an cridhe gach duine
      'S neart-inntinn fearail da rèir;

Bidh na caoirich len uain air chuairt an achaidh
'S crodh-laoigh air iomair dhaibh fhèin,
'S na sòbhrachan cùbhr' ri taobh an rathaid
A' taomadh boladh nan ceum.

An Cèitean

6   Bidh eunlaith nan speur gu seirmeil ceanalt'
Toirt spèis is urram don Mhàigh,
Gach lus fon ghrèin làn dhias sa mhachair
'S na craobhan measach fo bhlàth;
Bidh am fochann gu dlùth air lùb gach faiche
Gu lùthmhor gramail a' fàs,
'S fàile cùbhraidh nam flùr mar thùis do d' anail
Cur sunnd is spionnadh nad chnàmh.

An t-Ògmhios

7   Thig an t-Ògmhios gu fial le grian is frasan
Gu tìorail leigheasach tlàth,
Cur teicheadh air fuachd is stoirm is gailleann,
Toirt blàths is bruthainn nan àit',
Bidh bhanarach dhonn gu fonnmhor geanail
Le sunnd a' bleoghan sa bhà'ch,
'S nuair sheinneas i rann air fonn Crodh Chailein,
Bidh am bligh ga leagail le bàidh.

An t-Iuchar

8   Thig an t-Iuchar gu ciùin le driùchd gach madainn
Le saidhbhreas torrach na làimh;
Bidh sìol de gach gnè a' sgàineadh chochall
Aig meudachd teinnead a' bhàrr;
Bidh an t-arbhar neo-chlaon air raon is achadh
Gu braonach bachlach àilt,
'S am feur anns gach àit' le fàl ga ghearradh
Air lòn is machair is blàr.

An Lùnastal

9   'S e an Lùnastal chaomh mìos spòrs luchd-turais
Air beinn is abhainn is àird',
Damh odhar na cròic ga leòn le gunna,
Cearc-fhraoich 's cearc-thomain ri làr;
Bidh an t-iasgair le miann is cliabh ma mhuineal
Aig taobh gach abhainn ri fàth,
'S slat-chreagaich gu dian ga siabadh thairis
Toirt sìol a' bhradain gu tràigh.

An t-Sultain

10   San t-Sultain bidh 'n tuath gu cruaidh ag obair

A' buain 's a' caoineachadh gràn,
Cur bàrr de gach seors' fo dhìon san t-sabhal,
Is cruachan cuimir fo sgàil;
Bidh feust deireadh-buain le uaill ga cumail
Gu h-aoibhneach, furanach, àit,
'S deoch-slàinte nan sonn bha an ceann na h-obair
Ga h-òl à searragan làn.

An Dàmhair

11   Thig an Dàmhair mun cuairt gu luaineach corrach,
Gu gnùgach carach gun bheus,
Cuir fiamhachd a' bhàis air blàr is coille
'S droch shìde 's cunnart na ceum;
Thig iomghaothan geur gu lèireach leamhach,
Gu beucach guineach gun bhuaidh,
'S a' Chailleach Bheur le cuid aoir ri taobh a' chladaich
A' taosgadh greallach a' chuain.

An t-Samhain

12   Thig an t-Samhain gun truas le fuachd is gailleann,
Gaoth thuath 's clach-mheallain na lorg;
Bidh an t-iomaire lom 's dath donn air doire
'S a snuadh neo-chneast' agus coirbt';
Bidh brùidean an fhàsaich 's eòin an adhair
Cur dòigh air fasgadh dhaibh fhèin,
'S bidh sean agus òg le ròic gan garadh
Mu chuairt an teallaich gu gleust.

An Dùbhlachd

13   Thig an Dùbhlachd le tnù 's an sgùlan falamh,
Gu gruamach dreamach gun bhàidh,
Is aice fo sgiath sgreab liath an earraich
A' faoighe aran is càis,
Ach taing bith do Dhia, tha biadh gun ghainne
Fo dhìon a-staigh sa chòrn-chlàr,
'S aig deireadh na mìos bidh bhliadhna seachad,
'S ceud mìle beannachd na sàil.

Scots Pictorial Calendar 1945
With each month's characteristics

1. A new calendar has come without blemish or error to me from my relations across the sea: on the front of each sheet, lovely and beautiful, there are fine, grand pictures, telling with intelligence, skilfully and accurately, every month, week and day which is in the nineteen forty-five, the year we have at present.

January

2. January is the month that is wild, wet and windy, unpleasant, stormy and rough, sharply tormenting hill livestock – wretchedness and scarcity follow it; the snow is on the hill and the fields are frozen, and every knoll has a barren appearance, and the foliage of the trees and the hay of the low ground has completely withered away.

February

3. Nature is gently awake in February, bringing renewal of life to the ground; strength and energy come anew into her legs, putting vigour and force in each hillock; the roots of the trees and the tender stock of the bushes suckle vitality from her body, and the bare branches of the trees in the wood get renewal of fervour in their bases.

March

4. The expert farmer bravely ploughs without rest at the beginning of March, plough and harrow are eagerly pulled, and the seed planted in each rig; fertiliser is thick on the surface of each field putting juice and sap in the crop, and skilful, lively, cheerful bands busily plant the potatoes.

April

5. April comes in due course, peacefully and mildly, bringing strength and energy to the livestock, putting courage anew in the heart of each man, and manly strength of mind accordingly; the sheep with their lambs are around the field, and cows with calves on their own rig, the fragrant primroses beside the road pouring scent around their steps.

May

6. The birds of the heavens with sweet melody give affection and honour to May, every herb under the sun full of ears in the fertile ground, and the fruit trees in bloom; the shoots of corn, thick in every field, grow strongly and firmly, and the fragrant scent of the flowers, like incense to your breath, puts cheer and energy in your bones.

June

7. June comes liberally with sunshine and showers, genial, healing and mild, making cold and storm and wintry weather flee away, bringing warmth and sultriness in their place; the brown-haired milkmaid is tunefully and cheerfully milking with lively humour in the byre, and when she sings a verse to the tune of 'Colin's Kye', the milk will fondly be drawn.

July

8. July comes peacefully, with dew each morning, with fertile plenty in his hand; seed of every kind is bursting husks with the degree of tightness of the crop, the corn is (*growing*) straight on field and outby, dewy, full of shoots, and grand, and the hay everywhere being cut with scythe on meadow and low ground and plain.

August

9. Kindly August is the month of sport for tourists, on mountain, river and height, the antlered dun stag being wounded with gun, grouse and partridge being brought low; the purposing angler with creel about his neck beside each river waiting his chance, with (rock) fishing rod being cast firmly over, bringing the progeny of the salmon to shore.

September

10. In September the country people work hard, reaping and drying grain, putting crops of every kind under protection in the barn, and shapely stacks under cover; the end of harvest festivities is proudly observed, joyfully, welcomingly and happily, and a toast to the heroes who were involved in the work is drunk out of full stoups.

October

11. October comes round, fickle and inconstant, surly, deceiving and without virtue, giving the semblance of death to plain and wood, with bad weather and danger in her step; keen whirlwinds come, tormenting and vexing, roaring, piercing and without merit, and the shrill Old Wife with her satires beside the shore pouring out the ocean's entrails.

November

12. November comes without pity, with cold and wintry weather, north wind and hail following her; the rig lies bare and groves have a brown hue, her appearance is ominous and vicious, the beasts of the wilderness and the birds of the air make shift for shelter for themselves, and old and young with a feast warm themselves sensibly around the hearth.

December

13. December comes with a grudge with the basket empty, frowning and grumpy, without fondness, and she has under her wing the grey scab of spring, thigging bread and cheese, but thanks be to God there is food without scarcity in safe keeping in the cupboard, and at the end of the month the year will be past, and may a hundred thousand blessings follow it.

An Cat Fiadhaich aig Murchadh

1   A ghadaiche shuarach,
    Gur bradach do thuras,
    Nach fhuirich thu shuas
    Anns na monaidhnean urrad!
    Air àrd mheadhan-oidhch'
    Bha mo chearcan 's mo thunnag
    A' gogail 's a' sraighlich
    'S am beath' ann an cunnart –
        Bha thusa faisg!

2   'S e doras a' bhothain
    A shnaidh mi le dìcheall
    A leag thu le spadadh
    'S a sgrìob thu le d' ìnean,
    Gun mharbh thu mo thunnag
    Is tèile a reub thu,
    Tha car circe na h-amhaich
    Is i na dìol-dèirce
        'S i gu bhith tachdt'.

3   'S e 'sealladh a chunnaic
    Mo Bheileag bha grìseil,
    I tarrainn a h-anail
    'S cha b' urrainn i inns' dhomh;
    Am bothan na ùpraid
    Le itean is diasan,
    Is tunnag gun cheann oirr'
    Air a sgapadh le d' fhiaclan,
        A ghadaich ghlais.

4   Is tu thoilleadh do thachdadh,
    Mhic èignich an reubainn -
    Gun crith thu nad chracann
    Ma bheir mise stiall dhut;
    Gun cuir mise srap dhut
    Bhios taitneach le biathadh,
    Air do bheatha thoir astar
    Mun tèid thu air iarann,
        Chan fhaigh thu às.

5   An ath oidhch' thill an cat
    A dh'iarraidh an fhaoilich,
    Chan fhac e an t-srap
    Bh' air a cur le mòr shaothair,
    Gus an d' sheas e le chas oirr',

'S le glag bha i dùinte:
Chan fhaigheadh an cat às
Is bha chas aig' ga chiùrradh
    Le meud na glaig.

6   'An Nèasar an gaisgeach,
Tha e feumail san dùthaich,
'S e air ùr tighinn air ais dhuinn
O aimhreit na h-Iùdhaich;
Bha e anabarrach treun
Ann an gàbhaidhnean fiadhaich,
Thuirt Murchadh leis fhèin:
'Thèid mi 'n àirde ga iarraidh,
    Bidh e na thaic'.

7   Thuirt Murchadh le eubha:
'Look out, action stations,
Glac gunna is bèigleid,
Bi thus' mach air beag èise';
Nuair a ràinig e 'n cat
Char e air a leth-ghlùine,
Thug e aon stearsach ghasta dha
Eadar na sùilean;
    Siod crìoch a' chait.

Murdo's Wildcat

1. You worthless robber, your visit was thievish, won't you stay up in the hills above! At the dead of midnight my hens and duck were cackling and making a racket, while their life was in danger – you were near!

2. It was the door of the henhouse, which I'd carved diligently, which you knocked down with a shove and scratched with your claws; you actually killed my duck, and another one you mangled, there's a hen's twist in its neck, and it's a poor thing, and nearly choked.

3. The sight that my Bellac saw was horrible, she was gasping and she couldn't tell me, the henhouse in a commotion with feathers and ears of corn, and a headless duck scattered by your fangs, you grey thief.

4. It's you would deserve to be throttled, you plundering rascal, you'll tremble in your hide if I give you a lash, so I'll set a trap for you that will be tempting with bait; on your life, away with you, before you go onto its iron, you won't escape.

5. The next night the cat returned to get the leavings, he didn't see the trap that had been set with much labour till he stood on it with his foot, and with a clatter it was shut, the cat couldn't get out, and his foot was hurting him, with the size of the clatter.

6. Ian Nezzer, the hero, he's useful in the area, he's newly returned to us from the troubles amongst the Jews, he was extremely brave in (the face of) fierce perils; Murdo said to himself: 'I'll go up to get him, he'll be a help'.

7. Murdo said with a shout: 'Look out, action stations, get a gun and bayonet, be out with little delay'; when he got to the cat he went on one knee, he gave it one fine shot between the eyes; that was the end of the cat.

Amhran nan Cìobairean

1   Ò càite 'n deach na cìobairean?
Tha h-uile fear a' faighneachd,
Dh'fholbh iad anns a' mhadainn
Ach a-nis 's ann tha e anmoch;
Ò 's mòr m' eagal
Gun do ghabh na balaich daorach,
Oir dh'fholbh iad le na reithichean,
'S e tìde na Bliadhn' Ùir bh' ann.

2   'S e Alasdair aig Uilleam bh' ann,
Cha chuireadh e ri chluais i,
Is Ruairidh aig Ruairidh Aonghais,
Chan eil adhbhar dhòmhs' bhith luaidh air;
Ach tha fhios agaibh uileadh
Gu bheil seo na aon bhuaidh orr':
Cha chailleadh iad na reithichean
Ged bhiodh a' chùis glè chruaidh orr'!

3   Oir chaill iad uair roimhe iad –
Ma chaill bha 'n còrr air bhonn daibh –
Cha bhruidhneadh neach sa bhaile riutha
Gus tànaig crìoch a' gheamhraidh;
Bha Briogsaidh is bus fad' air riutha,
Cha mhòr nach do chuir e 'n ceann dhiubh,
'S cha bhruidhneadh Iain aig Eachainnean
No neach a bh' anns a' Ghleann riutha.

4   Ach 's ann aig geata Nàst
Air an tùbh-sa dheth an fhainge
Ghabh iad ris a' mhonadh orr'
A seachd neo -'r- thaing dhaibh;
Cha thilleadh Fanny idir iad –
Is e thuirt Ailidh: 'Daing oirbh!
Nuair ruigeas mise 'n abhainn leibh
Gu dearbhu bidh mi taingeil'.

5   Ach is ann aig Bùra
A bha iad air an truailleadh:
Ruith an reithe an deidhe Ruairidh
'S cha robh fhios cò bu luaithe;
Ach is e mo bharail
Gum bu luaithe fada Ruairidh,
Ged bha sibh uileadh dheth a' bheachd
Gu robh e na bu chruaidhe!

6   An sin 's ann thionntan Ailidh air
Is thuirt e: 'Ò mo nàir' ort!
Chuir an reithe 'n teicheadh ort:
Bha thu cho luath ri trèana;
'S mura bi thu nas cruaidhe
Gun cuir mi seo an dàn dhut:
Bidh fir a' bhaile fanaid oirnn,
'S le chèile bidh sinn nàraicht'.

7   Oir chaill sinn uair roimhe iad –
Ma chaill bha 'n còrr air bhonn duinn –
Cha bhruidhneadh neach sa bhaile ruinn
Gus an d' ràinig crìoch a' gheamhraidh;
Bha Briogsaidh is bus fad' air ruinn,
Cha mhòr nach do chuir e 'n ceann dhinn,
'S cha bhruidhneadh Iain aig Eachainnean
No neach a bh' anns a' Ghleann ruinn'.

8   Ach 's ann thànaig telegram
Gun d' ràinig iad gu dòigheil,
Agus 's e thuirt a h-uile fear
Gum b' e gu dearbh na seòid iad;
Is Briogsaidh dhul gan iarraidh,
Gum faigheadh e san taigh-òst' iad,
Is mura biodh e sgiobalta
Gun teirigeadh stoc an òstair.

9   Bha Coinneach is e faighneachd
An d' fhuaras fios na sgeul dhiubh,
Is dorra leis an government,
Gum bi iad air-sa diombach;
Innsidh mise 'n-dràsta dhuibh
An nì mun robh e smaonach,
'S e gun do chaill iad uair roimhe iad
Leis na bha orra dhaorach.

Song to the Shepherds

1. Oh, where have the shepherds gone? Everyone is asking; they went away in the morning but now it's late; I'm very much afraid that the boys have got drunk, because they went away with the rams; it was New Year's time.

2. It was William's Alexander, he was so full he couldn't refuse a drink, and Roderick son of Angus's Roderick, I've no reason to mention him; but you all know that this is one accomplishment they have: they wouldn't lose the rams, though the matter would be very hard on them!

3. For they lost them once before – if they did, there was more in store for them – nobody in the village would speak to them till the end of winter came; Brixie was scowling at them, he nearly took the head off them, and Hecky's Iain, or anybody who was in the Glen, wouldn't speak to them.

4. But it was at Naast gate on this side of the fank that they (*the rams*) took to the hill, in spite of all they (*the shepherds*) could do; Fanny couldn't turn them (*the rams*) back at all, and what Ali said was 'Dash you! When I get to the river with you I'll most certainly be thankful.'

5. But it was at Boor they they were degraded, the ram ran after Ruairidh and there's no telling who was faster; but it's my opinion that Ruairidh was much faster, although you were all of the view that he was hardier!

6. Then Ali turned on him, and he said, 'Oh, shame on you! The ram made you run away, you were as fast as a train, and if you won't be hardier I'll forecast this for you: the people of the village will mock us, and we'll both be shamed.

7. 'For we lost them once before – if we did, there was more in store for us – nobody in the village would speak to us till the end of winter came; Brixie was scowling at us, he nearly took the head off us, and Hecky's Iain, or anybody who was in the Glen, wouldn't speak to us.'

8. But a telegram came (*to say*) that they'd arrived in good order, and what everyone said was that they were indeed heroes; and for Brixie to go to get them, that he'd find them in the hotel, and if he wasn't smart that the hotelier's stock would run out.

9. Kenneth was asking had any information or word been had of them (*the shepherds*), the worst thing for him will be the government, that they (*the government*) will be angry with him, I'll tell you just now the thing he was thinking about, it was that they'd lost them once before, because of how drunk they were.

Ann am feasgar June san dubhar

1   Ann am feasgar June san dubhar
Thog sinn oirnn a dh'iasgach chaoiteag,
Adagan no bodaich ruadh,
Cnùdanan no saoidhean:
Bha sinn air ar n-uidheamachdainn
Le paternosters ùra,
Pasganan is hàbhanan
Is clàragan le duirgh orr'.

2   Dh'fhàg sinn Port na Tobhtaig
Far robh bàtaichean bha ùisteil,
Nan laighe am bràigh a' chladaich
Air an sgorradh tioram tùbhail;
'S e Alastair na Bruthaich thuirt
'Thèid sinn a dh'iarraidh Crùidsear;
Ma tha e trom na chadal
Bheir sinn crathadh air gus an dùisg e'.

3   Bha Aonghas air a thrusachadainn
Le còtaichean is cleòcan,
Peatanan is seacaidean
Is crabhataichean gu leòr air;
Briogais làidir mhòileisgin
Is stocainn de gach seòrsa,
Brògan mòra tacaideach
Is bonaid tartan seòighne.

4   Nuair fhuair sinn am broinn an long-boat e,
Bha fallas mòr is ceò dheth,
Shuidh e shìos an deireadh
Is e 'g amharc ris na neòile:
Cha robh feum air balaist
Leis a' chuideam bha na bhrògan,
Cha robh feum air iormadh,
Oir bha chleòcaichean mar sheòl dhi.

5   An ùine nach robh fada
Bha sinn ann an àite 'n iasgaich,
Bha an dà shròin ud againn –
'S iomadh caigeann fhuaras riamh ann –
Dh'fhàg sinn air an t-sruth i,
Air gach dubhan chuir sinn biathadh,
Coilleagan a' Charaidh,
Bu mhath an airidh ged bhiodh iasg orr'.

6   'S ann sin thug Crùidsear leum
Agus teumadh a bha fiadhaich,
Cha mhòr nach deach e choinneimh chinn
A-mach air a cliathaich:
'Tha e 'sàs orm, a làdaidh,
Faigh hàbh ann 's ceann sìos rium,
Tha cuideam air mo ghàirdean
Is tha spàirn orm tha diabhlaidh'.

7   Ach an uair a tharrainn e
'S a labhair e sa Ghàidhlig:
"'S e th' orm cù-mara,
Mac na galla, 's e bha sàraicht";
Chuir e sgian na bhroilleach,
Reub e cholainn is bhuail e shàil air,
Mun d' thilg e dhan uisge mach
Cha robh cnàimh idir slàn ann.

8   Bha Sandaidh 's e piseagaich
'S a' pusaltaich neo -'r- thaing dha,
'S a' toir a-steach nan adagan
'S gan sadadh ris na reangais;
Bha Aonghas an cud fàbharach
Is abair gearradh cainnt air,
Seanfhaclan air a theangaidh aige
'S briathran seòighne crainnte.

9   Nuair thànaig àm dhul dhachaigh,
'S e thuirt Sandaidh, 'Thoiribh ràmh dha,
Tha mi ceart cho coma
Ged a bheire sibh a dhà dha' ;
Tha Aonghas air a gualainn
'S cha tug Sandaidh idir tàmh dha,
An cùrs a bha an long-boat dul,
Cha toireadh e tìr gu bràch i.

10   'S ann sin a labhair Aonghas:
'Air do shocair, an cluinn thu, chreutair,
Tha an ràmh tha seo a' cneagadaich
'S na putagan a' gèilleadh';
Thòisich e air toir an aodaich dheth,
Oir bha deàrrsadh teth na aodann –
Mun do bhuail sinn air a' Chorran i,
Cha robh stiall air ach a lèine.

11   Chaidh ùine mhòr nis tharais oirnn,
'S mòr a thachair ruinn bhon uair sin,
Tha math is don' air aithris oirnn,
'S air iomradh air ar buadhan;
Cha chuala sinn is cha d' fhairich sinn
Gun deach Aonghas gu muir bhon uair sin,
Dh'fhaodadh an deaghaidh na thachair ris
Gur mòr gum feàrr leis tùbh na luathann.

On a June evening in the darkening

1. On a June evening in the darkening we went off to fish for whiting, haddock or codling, gurnard or saithe: we were equipped with new paternosters, bundles and hand-nets and frames with hand-lines on them.

2. We left *Port na Tobhtag* where the boats are that are useful, lying at the top of the shore, propped up, dry and serviceable; it was Alastair of Brae said, 'We'll go and get Kruger; if he's sound asleep we'll shake him till he wakes'.

3. Angus was trussed up with coats and cloaks, sweaters and jackets and plenty of cravats on him, strong moleskin breeches and odd stockings, big tacketty boots and a peculiar tartan bonnet.

4. When we got him inside the longboat he was sweating greatly and steaming, he sat down in her stern while he regarded the clouds; there was no need of ballast with the weight of his boots, there was no need to row as his cloaks were a sail for her.

5. In a short time we were at the fishing mark, we had those two points (*of land, in view as a mark*) – many's the pair of fish we ever got there; we left her on the current, on each hook we put bait, cockles from the Caraidh, well would they deserve to have fish on them

6. It was then Kruger gave a jump and a strike that was fierce, he nearly went headfirst out over her side: 'It (*the fish-hook*) is stuck in, laddie, get a landing-net in it with its end down for me, there's a weight on my arm, and a strain on me that's hellish'.

7. But when he pulled in, and he spoke in Gaelic: 'What I have is a dogfish, the hellish thing, it was really exhausting'; he cut its chest open, ripped its body and stamped on it with his heel, before he threw it out into the water there wasn't a bone in it that wasn't broken.

8. Sandy was sniggering and giving bursts of laughter in spite of himself, and taking in the haddocks and chucking them against the stringers (*of the boat*); Angus was in a good mood, and he was really bantering, proverbs coming off his tongue, and queer sarcastic expressions.

9. When the time came to go home, Sandy said, 'Give him an oar, I couldn't care less though you'd give him two'; Angus is at her shoulder, Sandy didn't give him any rest at all, the course the long-boat was going, he would never bring her to land.

10. Then Angus spoke: 'Slow down, do you hear, man, this oar is cracking and the rowlocks are giving out'; he began to take his clothes off as he had a hot flush on his face; before we grounded her on the Corran he hadn't a stitch on but his shirt.

11. A long while has passed over us and much has happened to us since that time, good and bad is reported of us and mentioned about our character; we never heard or were aware that Angus has gone to sea since that time, perhaps after what happened to him he greatly prefers the fireside.

Dòmhnall agus na Gruagaichean a' Nighe nam Plaingeaidean

1   Hò, bheir sinn luaidh
        Air na gruagaichean bòidheach banail,
    Na chunnaic sinn 's na chualas,
        A ghluais sinn gu seinn na rannaig,
    Lèine-bheag nan gruagach
        Mun guaillean aig 'glanadh earraich' –
    Ho, ho-rò an cuala sibh
        'N t-uamhas a ghabh na balaich.

2   Bha Deasag leitheach rùisgte
        An cùdainn plaingeaid nam balach,
    A' leum orra gu brùideil,
        's i grùmhan, 'Nach iad tha salach';
    Gun tug i orra stiallan,
        Sad siaban a' ruighinn nan sparran,
    A' Bhan-mhaighstir ri cliathaich,
        Gu fìor bha i air a dalladh.

3   Thànaig Dòmhnall 's stàirn air
        Don fhàisgeir o a chuid ubair,
    Casan geal nam pàistean
        A thàladh e chun na tubainn,
    Sùil cho gaolach tlàth aig'
        Air Bàbaidh, air a leth tharsainn –
    Fhuair e pàg mar-thà dhith,
        'S tha gràin aig' do mhuinntir Shasainn.

4   Bàbaidh bheag a' stampadh
    'S a' danns anns na tubaichean,
    A' sadadh null 's a-nall,
        Cha bu ghann idir plubadaich:
    Le briogaiseag bheag bhòidheach
        'S an còrr air a filleadh aic',
    Bha sùilean biorach Dhòmhnaill oirr',
        Ò, 's òrdoil an gille e.

5   Chan iongnadh ged bha sunnd air,
        Ga cuimseadh 's a' tabhairt aire,
    A' gabhail beachd de 'glùinean,
        'S a shùilean a' cur nan caran:
    Cha robh i riamh cho dlùth dha,
        Cho rùisgte, 's chaidh e na chabhaig,
    'S mur biodh taic na cùdainn
        Tha sùil a'm gun d' rach e seachad.

6   Bha Peigi ann an èiginn
        Nuair dh'eubh i air Dòmhnall an gille:

'Feuch an dèan thu feum dhomh
  Is m' eudach a' sruth 's a' sileadh:
Mo ghlùinean math gun ghèill e,
  'S teum e is ceangal nas teinn' e,
Is trusaich suas mo lèine,
  A chreutair, mun tèid a mhilleadh'.

7   Tha Dòmhnall treun ro chliùiteach,
       Cha dhiùlt e mocheirigh 's caithris;
     Cha tèid mi 'n uisge 'n stiùr aig',
       Mun ciùrr e le dhòrn mo bhathais;
     Faodaidh e bhith gnù rium,
       Is tnù air rium a chaidh thairis,
     Feumaidh mi co-dhùnadh –
       Cha dhùraig mi 'n còrr dheth aithris.

Donald and the Maidens Washing the Blankets

1. Ho! I'll tell about the beautiful, modest maidens, what we saw and heard that moved us to sing the little rhyme, the maidens' chemise around their shoulders at 'spring cleaning', ho horo, did you hear how astonished the lads were.

2. Jessack was half undressed in the lads' blanket tub, jumping on them brutally, and groaning, 'Aren't they dirty'; she gave them beatings, splashes of soap reaching the cross-beams, the Mistress by her side, truly she was really worked up.

3. Donald came haughtily to the mangle from his work, it was the white legs of the girls that attracted him to the tub, glancing so lovingly and affectionately at Babbie, half sideways – he's already had a kiss from her, and he loathes the people of England.

4. Little Babbie stamping and dancing in the tubs, splashing to and fro, there was no shortage at all of plopping, with pretty little knickers and having the rest tucked up: Donald's piercing eyes were on her, oh, he's a fine lad.

5. It's no wonder he was cheerful, ogling her and taking notice, paying attention to her knees, while his eyes were going round in circles: she was never so close to him, so undressed, and if it were not for the support of the tub I expect he'd have fainted.

6. Peggy was in distress when she shouted to Donald the lad: 'See and be useful to me as my clothes are soaked and dripping: my good garter has given out, join it up and tie it tighter, and gather up my chemise, man, before it's spoilt.'

7. Brave Donald has an excellent reputation, he doesn't refuse early rising or staying up late; I shan't go near him in case he hurts my forehead with his fist; he can be cross with me and be in the huff with me who went over the score: I must conclude, I daren't relate the rest of it.

Tàsg a' Mhealbhain

1   A theachdair na droch sgèile,
         Gur fuathach leam do ghnùise;
     Gum faca mise 'n-dè thu,
         'S gu dè a thug an tùbh-s' thu?

2   Tha cinnt agam nach cniosd thu,
         Do cholainn tha na sgàile;
     Cò 's maighstir ort chan fhios domh,
         'S tha umhaill a'm gur e 'Sàtan.

3   'S e Donnchadh ud a sheòl thu,
         'S a thàladh le droch shùil thu;
     Nuair chunnaic mi sa cheò thu
         Bha esan air mo chùlubh.

4   Tha e loma-làn do dhraoidheachd,
         A' faicinn thàisg is dhealbhan,
     Is thug e gèill is aoigheachd
         Do rìgh Sìthean'n a' Mhealbhain.

5   Thug Donnchadh fhèin a chasan leis,
         Ach bhuilich e am foillseadh
     Air Ruairidh bochd ar caraide,
         Gu bhuaireadh feadh na h-oidhche.

6   Tha Rìgh nan Sithean'n aoibhneach,
         Is seirbhiseach as ùr aig'
     A chì bodaich air am foillseadh
         Gu soilleir glan le shùilean.

7   Gach cailleach anns an dùthaich
         A thuiteas leis an staidhre,
     Gun cluinn Ruairidh an turghraich,
         'S gum faic e i san fhoillseadh.

8   An treobhair mhòr Mheallan Theàrlaich
         Tha bàt' nì call, tha cinnt aig' –
     An e fear a mhuinntir Gheàrrloch
         A chunnaic Ruairidh innte?

9   Na cuiribh cas air bòrd innt',
         Is seachnaibh coslas bàthaidh;
     Na cuiribh ràmh no ròp innt'
         Ach fàgaibh aig na tàisg i!

10   Na amadan tha Mordaidh dubh,
         Na bodaich liath cha dhearg air,
     Ach bi nad thosd, na abair guth,
         Tha Rìgh nan Sithean'n 's fearg air.

11   Tha 'm Blastair fhèin cho bagarach,
         Roimh fhuathan chan eil stuaidh air,
      Ach cha bhi e cho ladarna
         Nuair bheir Rìgh nan Sìthean'n buaidh air.

12   Don fhear a chì na bodaich ud
         Tha dùrachd Rìgh nam fuathan:
      Chan èirich olc no dochainn da,
         'S e iad nach fhaic tha truasach.

The Mellon Charles Ghost

1. You messenger of bad news, I really hate your face, for I saw you yesterday, and what brought you this way?

2. I'm sure you're not natural, your body is a shade; who is master over you I don't know, but I suspect it's Satan.

3. It was that Duncan who directed you (here) and enticed you with an evil eye; when I saw you in the mist he was behind me.

4. He's completely full of witchcraft, seeing ghosts and spectres, and he believed in and welcomed the king of the fairy knoll of the *Mealbhan*.

5. Duncan himself fled away, but he bestowed the apparition on poor Roderick, our friend, to disturb him through the night.

6. The king of the fairy knolls is joyful, since he has a new servant who can see apparitions of bogeymen clearly and well with his (own) eyes.

7. Every old woman in the area who falls downstairs, Roderick will hear the clatter and he'll see her as an apparition.

8. In the big building (*shed*) in Mellon Charles is a boat that will cause a (*drowning*) tragedy, he's sure; is it one of the people of Gairloch that Roderick saw in it?

9. Don't set foot on board it and avoid a likelihood of drowning; don't put oar or rope in it but leave it to the ghosts!

10. Black-haired Morty is a fool, the grey bogeymen won't affect him, but be silent, don't say a word, the king of the fairy knolls is angry.

11. The Blaster himself is so blustering, he's not bothered by spectres, but he won't be so cheeky when the king of the fairy knolls overcomes him.

12. The person who can see those bogeymen has the good will of the king of the spectres; no evil or harm will come to him: it's those who can't see them that are pitiful.

Sgathadair nan Taodan Cruadhach

1   Och! Gur mise th' air mo bhuaireadh
Le sgathadair nan taodan cruadhach,
Uidheam sàrachail is suarach –
    Och is och! cha gheàrr e sròic.

2   Nuair a bha e òrdoil, rianail,
Bhriseadh e an sìoman iarainn,
Ach a-nis tha e na phianadh
    Is cha dhearg e air an ròp.

3   Mi ga sparradh is ga ghleusadh,
Mi ga tharraing 's mi ga shèideadh,
E na stad – 's cha tig 's cha tèid e,
    'S thug mi stearsaich air le òrd.

4   Mi ga chuireadh 's mi ga thàladh,
Mi ga spuireadh le greim bàis air,
'S thug mi buillean air sna h-àrnaibh,
    'S thug mi beàrn à sròin mo bhròig.

5   Mi ga cheangal 's mi ga fhuasgladh,
Mi ga shiabadh 's mi ga luasgadh,
Mi ga bhruideach is ga chnuasach,
    Toirt gach ionnsaigh air le treòir.

6   Nuair tha 'n t-uisge ruith le aoidian,
'S dòcha nach briseadh e an gaoisdean,
'S nuair a bhrùchdas e na chaochan
    Thug e suas – cha dèan e 'n còrr.

7   Nuair tha 'n tiormachd a' toirt buaidh air,
Thugaibh srùlag uisge fuar dha,
Taomaibh ola sìos na chluasan,
    'S gheibh e faothachdainn fa-dheòidh.

8   Thèid e dhe na sginean daonnan,
Bios e cneagadaich 's a' slaopadh –
Dhèanainn mìrean dheth is caoban
    Nam faighinn-sa air cuid no còir.

9   'S fheudar dhuinn a chur air giùlan
'S a thoir sìos don bhùth aig Fionnlagh;
Dh'fhaodadh nach bi esan diombach,
    Ach bios Murchadh bochd ri glòir.

10   Ach tha 'n sgathadair 's aon bhuaidh air:
Gheibh sinn ceum math iomadh uair leis,
Dusan dhaoin' a' dol mun cuairt leis,
Balgan grèin' is duais gu leòr.

7-12-49

The Steel Rope Cutter

1. Och, I'm so vexed by the steel rope cutter, tiresome and worthless implement, och and och! it won't cut a stroke.

2. When it was orderly and peaceable it would break an iron cable, but now it's a pain, and it won't (even) mark a rope.

3. I was jerking it and adjusting it, I was tugging it and blowing it, it was stuck, it won't come and it won't go, and I gave it some heavy blows with the hammer.

4. I was inviting it and I was enticing it, I was clawing it with the grip of death, and I hit it with blows in the kidneys, and I made a gash in the toe of my shoe.

5. I was tying and untying it, I was wiping it and I was rocking it, I was prodding it and pondering on it, attacking it energetically in every way.

6. When the water runs from a leak it probably wouldn't break a hair, and when it bursts out in a stream it gave up - it won't do any more.

7. When the drought is affecting it, give it a dribble of cold water, pour oil down in its ears and it'll get relief at last.

8. It's always going wrong, it pops and simmers; I'd make bits and pieces of it if I got title to it.

9. We'll have to carry it on something and take it down to Finlay's shop; perhaps he won't be angry, but poor Murdo will be swearing.

10. But the cutter has one virtue: we'll get a good walk many a time with it, a dozen men going around with it, sunbathing and plenty of wages.

Cha chluich mi fhèin a-rithist dhaibh

Fonn Cha chluich mi fhèin a-rithist dhaibh
Ged thigeadh iad gam iarraidh,
Cha chluich mi fhèin a-rithist dhaibh –
Is bochd a fhuair iad riamh mi;
Cha chluich mi fhèin a-rithist dhaibh,
Cha bhuail mi ball gu sìorraidh,
Oir fhuair mi droch dhìoladh,
Le pianadh is lot.

1 Chuir iad air an raon ud mi,
'S mi còrr is leitheach rùisgte,
Mi faireachdainn cho aonarach,
Le briogais bheag gun triùbhsair;
Mo chasan bha ag aomadh bhuam
'S bha glagadaich nam ghlùinean:
Bha brògan corrach ùra
Gam chiùrradh gu goint'.
Bu mhòr m' fheum air srùbag
De stuth smiorail na poit

2 Nuair shèid fear-na-feadaig sgal
Gar greasad air a chèile,
Bha 'm ball-coise eadarainn
'S a h-uile fear ag èigheachd;
Fear is fear toirt breaban air,
Ga bhualadh anns na speuran,
A' ruith is a' leumraich
'S a' beucail 's a' trod.

3 Theann iad orm gu faramach
Is bhuail bròg mhòr sa cheann mi,
Bha iad cur nan caran dhìom
Is shàth iad null 's a-nall mi;
An ìre dhol à faireachdainn,
Oir dh'fhàg an cath ud fann mi,
'S chaidh am bàlla le srann
Tron linn a bha grod.

4 Bha fear-na-feadaig maoidheadh orm
Nuair thòisich an ath chuairte;
Thubhairt e rium nach fhaodainn-sa
Bhith breitheachd orr' air chluasan.
Ach thubhairt mi ris, 'Cha shaoilinn-sa
A bheag de thusa bhualadh,
'S cùm fad buille bhuamsa
Neo cruaidh bidh an sgleog'.

5   Dh'òrdaich e dhen talamh mi
Le comharradh le òrdaig,
'S thubhairt e rium fo anail
Dhol a dh'àite nach bu chòir dha;
Nach b' e sin an t-amadan,
Oir cha tèid mi rim bheò ann;
Ach tha siod gu leòr leam
De spòrsa gun sgot.

I won't play for them again

Chorus: I won't play for them again, though they'd come to seek me, I won't play for them again, it's a pity they ever got me; I won't play for them again, I'll never strike a ball, for I got a mauling with paining and wounding.

1. They put me on that field, and I was more than half naked, I was feeling so alone with little knickers, without trousers; my legs were bending under me, and there was a rattling about my knees, unsteady new boots were hurting me painfully.

2. When the man with the whistle blew a blast, inciting us on each other, the football was between us and everyone was shouting; one after another taking kicks at it and knocking it into the heavens, running and leaping and bawling and arguing.

3. They drew close to me noisily and a big boot struck me on the head, they were turning me around and they thrust me back and fore; nearly losing my senses because that battle made me faint, and the ball went with a whizz through the net that was rotten.

4. The man with the whistle was threatening me when the next round began, he told me that I wasn't allowed to be catching them by the ears; I said to him, 'I wouldn't think anything of hitting you, keep the length of a blow from me or the clout will be hard'.

5. He ordered me off the ground with a sign with his finger, and he said under his breath for me to go to a place that he ought not; wasn't he a fool, then, for I'll not go there as long as I live; but I think that that was enough of a sport without sense.

Bodachan an t-Seada Mhòir

1   Bodachan an t-Seada Mhòir,
      Your age we do not know:
A hundred surely, maybe more –
      Your beard is white as snow;
Tha bonaid seòltair air do cheann,
      I saw you with my eyes,
'S am fear a their nach eil thu ann,
      I know he's telling lies.

2   Cò thu chan aithne dhuinn, indeed,
      We know not who you are;
Your presence here we do not need,
      You do not paint or tar;
Ged bhiodh am 'Blastair' fhèin mun cuairt,
      You sit down there and stare,
Gum b' fheàirrd thu dòrn an toll na cluais,
      But not a man will dare.

3   Ged bhiodh an doras druidte dùint'
      And all the men about,
You do appear out of a cùl –
      No man can keep you out;
Gun èirich thu à talamh cruaidh
      To frighten all the folk
Le d' chleòca fada geal mu d' chuairt,
      Half hidden in the smoke.

4   Cò e an seòltair sean no òg
      That you do signify?
Cò e am fear a tha thu 'n lorg –
      I hope it is not I;
Chan iarrainn-sa bhith faicinn dad,
      I hate to see your face,
Ach mur h-eil thu ann I'll eat my hat:
      There's ghosts about the place.

5   Bha mis' aon uair nuair bha mi òg,
      I'd play on him a trick:
Gun toirinn spìonadh air a chòt'
      Or hit him with a stick;
Bhiodh soitheach uisg' agam nam làimh,
      Just absolutely full,
And that trick would keep me free from harm
      And keep the bodach cool.

Wee Bogie of the Big Shed

1. Wee bogey of the big shed, *your age we do not know: a hundred surely, maybe more – your beard is white as snow;* You wear a sailor's cap on your head, *I saw you with my eyes*, and the man who says you don't exist, I know he's telling lies.

2. Who you are we do not know, *indeed, we know not who you are: your presence here we do not need, you do not paint or tar;* even though the Blaster himself would be around, *you sit down there and stare*, you'd be the better of a punch in the earhole but not a man will dare.

3. Even though the door would be tightly shut *and all the men about, you do appear out of a corner – no man can keep you out;* you do arise out of solid ground *to frighten all the folk* with your long white cloak about you, *half hidden in the smoke.*

4. Who is the sailor, old or young, *that you do signify?* Who is it that you seek? – *I hope it is not I;* I wouldn't wish to see anything, *I hate to see your face*, But if you don't exist *I'll eat my hat: there's ghosts about the place.*

5. Once when I was young *I'd play on him a trick,* I'd pluck (at) his coat *or hit him with a stick,* I'd have a vessel of water in my hand *just absolutely full, and that trick would keep me free from harm, and keep the* bodach cool.

A' dol air ais dhan rèisimeid. Còmhla ris, a' charaid dìleas "Speed"
Leaving home to rejoin regiment. With faithful friend "Speed"

**A' dol air ais dhan rèisimeid. A rèir choltais,
's math tha fios aig "Speed" dè tha a' tachairt.**
Leaving home to rejoin regiment:
"Speed" appears to be aware of situation

Na dheise cogaidh
In ceremonial dress

Òran an t-Saighdeir Ghàidhealaich

1   Tha mo chridhe-sa trom mì-chàilmhor
    'S mi fad o m' chàirdean is tìr mo rùin
    Far an deach m' àrach, measg chnoc is ghàrradh,
    Is beanntan àrda ri aghaidh mo shùil;
    Far 'n robh mi sunndach, gun dragh, gun chùram,
    Measg sluagh mo dhùthchais, cho càirdeil, rèidh;
    Far 'n d' fhuair mi sùgradh a' dìreadh stùcan
    Nam beanntan dùmhail, 'n tìr Chabar Fèidh.

2   'S e 'n cogadh garg seo a chuir san Arm mi
    'S a thug air falbh mi à tomadh tàimh;
    Tha cinnich bhorba air feadh 'n Roinn Eòrpa
    Cho nàimhdeil, seòlta, 's an claidheamh nan làimh;
    Seasaidh gach aon dhinn an aghaidh nan daoine
    Tha murt na saorsa gach latha gun tàmh –
    Cò bhiodh nan Gàidheil, 's a bhiodh nan tràillean,
    'S a bhiodh gun nàire fo shàil an nàmh?

3   Ach chan eil spèis aig droch Dhictator
    Do smuaintean chreutar 's e trom fo leòn,
    Is chan eil àite an cridhe nan Nazi
    Dh'athair no màthair bhiodh cràidht' fo dheòir;
    'S e cùis na h-èiginn a chuir bho chèile
    'S a chuir fo èislean luchd-gràidh is seòid;
    Ged tha na speuran cho dorch 's nach lèir dhuinn,
    Tha 'ghrian ag èirigh air cùl nan neòil.

4   Tha sinn an-dràsta a' feitheamh 'n àithne
    'Son falbh air bàta thar cuan gun dhùil;
    Ged 's beag mo chàil dhi, thèid mi mar chàch innt',
    Oir bha e 'n dàn dhomh bhith nam fhear dhiùbh:
    Mo shoraidh slàn leibh, mo chàirdean dàimheil
    An Inbhir Àsdal ri taobh Loch Iù –
    Ma thig mi sàbhailt, tron chath 's tron ghàbhadh,
    Don Tì as àirde gu robh a chliù.

Song of the Highland Soldier

1. My heart is heavy and out of humour, for I am far from friends and the land I love, where I was brought up, amongst knolls and gardens, and high mountains before my eyes, where I was cheerful, without trouble or care amongst my native people, so friendly and peaceable, where I'd be merry climbing peaks of the close-set mountains in the land of Caberfeidh.

2. It is this fierce war that has left me in the Army, and has taken me away, so unexpectedly; there are violent peoples throughout Europe, so

hostile and cunning, with their sword in hand; every one of us will stand against the men who murder freedom each day without rest; which Gael would be a slave, and would be unashamedly under their enemies' heel?

3. But a wicked Dictator has no regard for the thoughts of people who are heavy-hearted and afflicted; and there's no place in the hearts of the Nazis for a father or mother who'd be grieved and tearful; it was a crisis that separated and made sorrowful loved ones and heroes; though the heavens are so dark we cannot see, the sun is rising behind the clouds.

4. We are now awaiting the order to board ship, over the ocean with no expectation (of better); though little is my desire for her, I'll go like the others in her, for I was destined to be one of them; I bid you farewell, my affectionate friends, in Inverasdale beside Loch Ewe; if I come safely through the battle and peril, to the One who is highest may the praise be.

Tighinn air ais do m' leannan

Sèist   Tighinn air ais do m' leannan,
Tighinn air ais do m' ghaol,
Chì mi do dhà shùil a' soillseadh
Feadh nan neulan dorcha san oidhche;
Rè nam bliadhnaibh dorcha
Bha mi beò an dùil
Ris an latha bhiodh mi gu sunndach
Tighinn air ais do m' rùn.

1   Tha thu bòidheach, maiseach,
Tha thu còir is grinn,
'S toigh leam thu, gu tur, le fìrinn,
Seach na th' air slios mòr nan sgìrean;
Chan eil aon sna tìrean,
'S cha bhi gu bràch,
Tè as fheàrr leam na mo rìoghainn
Bhith leam fhìn gach là.

2   'N tèid thu leam, mo chailin,
'N tèid thu leam, mo ghràidh,
'N tèid thu leam, a rìoghainn àlainn,
Am bi thu, le cinnt, gach là leam,
An toir thu dhomh do ghealladh,
An toir thu dhomh do làimh –
Chan eil aon ach thus' am shealladh,
Is cha bhi dhòmhs' ach thu.

Coming back to my sweetheart

Chorus: Coming back to my sweetheart, coming back to my love, I see your two eyes shining through the dark clouds of the night; during the dark years I lived in hope of the day I would joyfully be coming back to my beloved.

1. You are beautiful and graceful, you are kind and lovely, I love you completely, in truth, more than any who is on the great coast of these districts; there is none in these lands, and there never will be one I prefer to my (fair) maiden to be with me every day.

2. Will you go with me, my damsel, will you go with me, my love, will you go with me, my beautiful maiden, will you be, for sure, each day with me; will you give me your promise, will you give me your hand – there is none but you in my sight, and there will be for me none but you.

Rìbhinn Ghrinn a' Chaolais

Sèist   Rìbhinn ghrinn as toigh leam fhìn,
Tha mi gu tinn à d' aonais,
Air muir no tìr chan fhaigh mi sìth
Gun rìbhinn ghrinn a' Chaolais.

1   Thug thusa bàrr gu tur air càch,
Chuir thu san sgàil gu lèir iad;
Cha bhi mi slàn gun thusa, 'ghràidh –
Chaoidh na fàg 's na trèig mi.

2   Tha do dhà shùil cho bòidheach, ciùin,
Is dreach do ghnùis cho àillmhor,
Do phearsa cùbhraidh, maiseach, ùrar,
'S chan eil smùr nad nàdar.

3   Mo chridhe a' leum le gràdh is eud
Ri fuaim do cheum 's do chòmhraidh:
Tha thu gu lèir toirt buaidh orm fhèin
Mar ghathan grèin tro sgòthan.

4   Gun mhoit, gun uaill, gun mhùig, gun ghruaim,
Is daonnan suairc, neo-phròiseil,
Do mhìle buaidh gad thogail suas
Thar uaislean na Roinn Eòrpa.

5   Chan iarrainn càil ach faighinn gu bràch
Do ghaol 's do ghràdh 's do chàirdeas,
Do chridhe 'n-dràsta loma-làn
Le dùrachd, dàimh is bàidheachd.

Fair Maiden of the Kyles

Chorus: Fair girl whom I love, I am ill without you, on sea or land I'll get no peace without the fair girl of the Kyles.

1. You surpassed the others completely, you put them all in the shade; I shall not be well without you, darling – (and) never leave nor forsake me.

2. Your two eyes are so fair and calm, and the form of your face so beautiful, your person fragrant, graceful and gay, and there is no blemish in your nature.

3. My heart leaps with love and ardour at the sound of your step and your conversation: you overcome me completely, like rays of sunshine through clouds.

4. Without pride or vanity, without surliness or ill humour, and always kindly and modest, your thousand virtues raising you up above the nobility of Europe.

5. I'd wish nothing but to get your love, affection and friendship forever, your heart just now (is) completely full of goodwill, kindness and fondness.

Is tu mo lòchran toirt solas dhòmhsa

1 Is tu mo lòchran, toirt solas dhòmhsa –
   'S tu thogadh m' inntinn nuair bhiodh i trom:
   Chan eil fhios a-chaoidh dhut air meud mo ghaoil dhut –
   A ghiall, na toir mo sholas bhuam.

2 An oidhche raoir, ghaoil, nuair thànaig suain orm,
   Chunnaic mi bruadar gun robh thu dlùth,
   Ach nuair a dhùisg mi cha robh thu dlùth dhomh:
   Bha mi fo thùrsa, is shil mo shùil.

You are my lamp bringing me Light

1. You are my lamp, bringing me light, you would raise my spirits when they'd be heavy: you'll never know how much I love you – oh! don't take my light from me.

2. Last night, dear, when I slept, I dreamed that you were close, but when I woke you weren't close to me: I was sorrowful, and I wept.

Bha mi 'n dùil riut a-raoir

1 Bha mi 'n dùil riut a-raoir,
   Mhaighdeann choibhneil uasal mhaiseach:
   Tha mi nis gun lùths, gun sgoinn,
   'S fad na h-oidhche gun phriob cadail.
   Bha mi 'n dùil riut a-raoir.

2 Mi a' feitheamh le cluais gheur
   Ris a' cheum tha aotrom, spaideil,
   Bheireadh air mo chridhe leum
   'N àm dhut fhèin bhith teachd am fagas.
   Bha mi 'n dùil riut a-raoir.

3 Mi a' fuireach riutsa, ghràidh,
   Le cridh' làn dùrachd fhallain –
   Cha ghabh mi ach thusa mhàin
   Ach cha tànaig thu gam amharc.
   Bha mi 'n dùil riut a-raoir.

4 B' fheàrr leam tacan ann ad chòir
   Na uil' òr Banca Shasainn –
   Ciod a dhèanadh saidhbhreas dhomhs'
   Gun do chòmhnadh-sa rim mhaireann.
   Bha mi 'n dùil riut a-raoir.

5 Do ghuth mar cheòl 's do chòmhradh ciùin,
   'S tha do ghiùlan beusach, banail,
   Blàths do ghaoil is deàrrs do shùl
   Mar chloich-iùil a ghnàth gam tharraing.
   Bha mi 'n dùil riut a-raoir.

I expected you last night

1. I was expecting you last night, kind, noble, beautiful maiden: I'm now without strength or energy, and all night without a wink of sleep; I expected you last night.

2. I was waiting with an acute ear for the step that is light and smart, that would make my heart leap at the time you yourself are coming near; I expected you last night.

3. I was waiting for you, darling, with a heart full of wholesome wishes – I'll have none but you alone, but you did not come to see me; I expected you last night.

4. I'd rather a while in your company than all the gold of the Bank of England – what would riches do for me without your company as long as I live; I expected you last night.

5. Your voice like music and your conversation gentle, and your behaviour is modest and womanly, the warmth of your love and the shining of your eyes like a magnet always drawing me; I expected you last night.

Tuireadh Bàrd Thùrnaig

1 'S e dleasnas luchd-dùthcha
   Bhith coisrig a' chùirn seo
   Gu cuimhn' an fhear iùlmhoir
   'S air ùghdar nan dàn.

Sèist Cha dhùisg e, cha dhùisg e
   À leabaidh chaol dhùinte,
   'S tha dhìlsean trom, tùrsach
   Ag ionndrainn a' bhàird.

2 Fo thomain ghorm ùirich
   Sa cheàrnaig bheag chùbhraidh,
   Ann an cladh Abhainn Iù
   Tha Bàrd Thùrnaig aig tàmh.

3 Nuair laigh an t-seann aois air,
   Cha b' àit' dha an saoghal;
   Sgil lèighean chlann-daoine
   Cha shaoradh on bhàs.

4 Chuir e gu buil buadhmhor
   An tàlan a fhuair e,
   Ga cleachdadh gu suairce
   Le h-uaisleachd a ghnàth.

5 An seirbheiseach dìlis,
   An t-aoghair 's an cìobair,
   Bu luaithe a dhìreadh
   Ri mill nam beann àrd.

6 'S aig crìoch a chuid sgrìoban
   A chuireadh an sgrìobhadh
   Na bh' aige san inntinn
   'Son innseadh do chàch.

7 Bha spiorad na bàrdachd
   A' sruthadh à lànachd
   A' chridhe cheart, ghràdhach,
   Gun chàineadh, gun chràdh.

8 Bha mìlseachd na chànan
   Is bòidhchead na Ghàidhlig,
   Gun mhòrchuis, gun àrdan
   Riamh nàdarrach dha.

9   Am Bàrd coibhneil, bàidheil
         Bha fiùghantach, fàilteil,
         Ro chòir, fialaidh, bràithreil,
         Làn càirdeas is dàimh.

10   Bha a riaghladh na fhàrdaich
         Gu ciallach 's gu h-àirdeil,
         Le eisimpleir àlainn
         'S le gràdh an co-phàirt.

11   Biodh gach clach air a' chàrn seo
         Toirt ùralachd làitheil
         Do chuimhne chaomh, bhlàthmhor,
         Neo-bhàsmhor a' Bhàird.

Lament for the Tournaig Bard

1. It is the duty of countrymen to be dedicating this cairn to the memory of a wise man and of an author of poems.

Chorus: He will not awake, he will not awake from his narrow, closed bed, and his relations are sad and sorrowful, longing for the bard.

2. Under green mounds of earth in this little fragrant corner, in Poolewe burial-ground, the Tournaig Bard is at rest.

3. When old age settled on him the world was no place for him, the skill of human physicians could not save him from death.

4. He successfully employed the talent that he got, practising it in kindly manner, with gentility always.

5. The faithful servant, the herdsman and shepherd, most swiftly would he climb to the hills among the high peaks.

6. And at the end of his journeys was put into writing what he had in his mind, to tell it to others.

7. The spirit of poetry was flowing out of the fullness of his fair, loving heart, without reviling or hurting.

8. There was sweetness in his language and beauty in his Gaelic, without conceit or haughtiness ever being natural to him.

9. The kindly, fond Bard, who was benevolent and welcoming, most generous, liberal and brotherly, full of friendship and kindness.

10. His rule in his dwelling was sensible and attentive, with beautiful example and with love sharing.

11. May every stone on this cairn give daily freshness to the fond, warm and immortal memory of the Bard.

Òrain Eile/Other Songs

Faodaidh gum bi diofar litreachaidh air cuid de dh'fhaclan anns a' phàirt mu dheireadh seo den leabhar – mar eisimpleir, thànaig, thàinig; bèigleid, beiceileid. Tha seo a chionn 's a) gu bheil òran mar An Saighdear air a chur sìos mar a nochd e an toiseach ann an clò le dìreach beagan sgioblachaidh agus b) nach eil mi cho mionaideach ri Roy ann a bhith a' cur litreachadh dualchainnteach air cuid de na faclan.

An Saighdear

1   Nuair bha 'n cogadh mòr a' brùchdadh,
    Is na nàimhdean toirt dhuinn dùbhlain,
    Gun robh Breatann letheach rùisgte,
    Air bheag dhùil ri dhol an sàs;
    Chuireadh gairm air feadh na dùthcha
    'G iarraidh ghillean òga sunndach
    A bhiodh seasmhach anns gach cùise,
    Is nach diùltadh ann an càs.

2   Nis gu fortanach 's gu sealbhach
    Fhreagair fleasgaich dhìleas chalma
    An gairm rìoghail dh'ionnsaigh 'n armailt,
    'S cha d' rinn Alba idir dàil;
    Thàinig gaisgich às gach ceàrna
    Gu bhith ceannsachadh a' bhalgair
    'S chum a ruaig de chrìch na talmhainn,
    'S fheachd a sgealbadh, bun is bàrr.

3   B' e siud beachd an t-saighdeir òig seo
    Dam bheil mi a' coisrig m' òrain;
    'S ann an Rèisimeid an Òbain
    Fhuair e oileanachadh blàir;
    Chuir am maighstir-feachd air dòigh e
    Le deis ùir às an taigh-stòir aig';
    Currac-cinn is bràiste òr-bhuidh'
    'S acfhainn-còmhraig thug e dha.

4   Bha na ceannardan a' beucail
    'N àm bhith teagasg-airm le bèigeileid,
    Ga shìor-bhrosnachadh le dèineachd
    E thoirt bheuman garg' le ràn:
    Iad ga ghreasadh, glè mhì-spèiseil,
    Gu bhith curanta is treubhach,
    Righinn, ealamh, beothail, stèidheil,
    Is air ghleus a' feitheamh àithnt'.

5   O, mo shaighdear bochd - an truaghan –
Cha do mhothaich e an uair sin
Na bha feitheamh air de thruaighe,
Is am buaireas bhiodh na phàirt;
Ach gidheadh, a dh'aindeoin cruadail,
Dìleab athraichean chùm suas e;
Chleachd iad a bhith làmh-an-uachdair,
'S tric a bhuadhaich iad thar chàich.

6   Ann an coileanadh na h-ùine
Dh'fhàg e Alba air a chùlaibh,
Tìr a shinnsear ghaisgeil, chliùiteach,
Tìr a dhùrachd, tìr a ghràidh:
Air a luaisgeadh am bàt'-smùide,
Am measg cuideachd lìonmhor dhùmhail,
Bha a smuaintean air an dùsgadh
Is a shùilean loma-làn.

7   Ach mar shaighdear is mar Ghàidheal,
Cha robh gealtaireachd a' tàmh ann;
Cha bu spreòchan e na nàdar
'S cha bu nàrach leis mar bhà;
Is e eudmhorachd thaobh fhàrdaich,
Agus meud a spèis do chàirdean,
Agus gaol na tè a dh'fhàg e,
Bha ga shàrachadh 's ga chràdh.

8   Rè a' gheamhraidh chaith e 'n tìde
Eadar dhùin is thuill is dhìgean,
Daingneachan is taighean-dìdein,
Bàbhan-crìche 's claisean-bhlàir;
Bha a' chùis gu dearbh mì-chinnteach,
Oir bha 'n nàmhaid riamh làn innleachd,
Càit am bualadh e gu millteach,
'S dè 'n ath rìoghachd bhiodh fo spàig.

9   Fhuair mo shaighdeir làithean fòrlach,
'S gu baile Frangach chaidh a sheòladh:
Bha e 'n sin gu socrach sòghail,
Sireadh sòlais measg nan sràid,
Nuair a bhuail an nàmh le fòirneart
Anns na dùthchan ìosal còmhnard,
'S bha cuid fheachdan anns an Òlaind,
Agus còrr dhiubh air an sàil.

10   Bha a' chùis mì-thaitneach, duaichnidh,
Oir bha 'n nàmh, car tacan, buadhach;

Tìr na Fraing' gu tur is ruaig oirr' –
Cha bu shuaimhneas bhith ri làimh;
Clann is mnathan air am fuadach,
Itealain gam murt 's gan gualadh,
A' spraigheadh teine dian bho shuas orr'
Gu neo-thruacanta san àr.

11   Ann an uamharrachd na gairge
Chuir Lèirsgrios fa sgaoil le anabuirt
Gach ball-airm a bha na airm-thaisg,
Agus b' anabarrach an ràc;
Bha gach peilear-bloighdeach marbhtach
Dol le sgread air turas anacneast',
Bualadh le tàirn-thoirm is stairirich,
'S a' cur thargaidean nan clàir.

12   Bhuadhaich mòr-chumhachd an nàmhaid
'S ghèill an Fhraing gu truagh, beag-nàrach,
'S bha mo shaighdear is a bhràithrean
Air am fàgail air an tràigh;
Iad fo theine ciùrrtach, bàsmhor,
Ag ath-dhìoladh mar a thàr iad –
Cha b' e strìochdadh am meadhan ànraidh
Nì a shàsaicheadh an Gàidh'l.

13   Dùrachd-cridh' don Chabhlach Rìoghail
A rinn furtachd air gu cinnteach,
A rinn leasachadh gu grinn air
Le mòr-dhìcheall agus spàirn,
A chuir cunnartan air dhìmeas,
'S a thug sàbhailt' den mhòr-thìr e –
Chaoidh cha tèid an gnìomh air dhìochuimhn'
Feadh nan linntean 's rè gach àl.

14   'S ann le cridhe trom is tùrsach
Dh'fhàg e companaich bha dlùth dha;
Cuid a ghlacadh ann an lùb-ruith'
Nàmhaid cuilbheartach na gràisg;
Thug e bòid a dhol gan ionnsaigh
Nuair a fhreagradh àm is cùisean;
Chuir e iad, 's e air a ghlùinean,
Air àrd-chùram Rìgh nan Gràs.

15   Chuir am Prìomh-Chomhairl' an cèill duinn
Nach robh sìon aige fon ghrèin dhuinn
Ach fuil, saothair, fallas, deuraibh,
Is gun èis bha siud nar làth'r;

Air muir, tìr is anns na speuran,
Sàrachadh is cràdh is creuchdadh;
'S tro gach àmhghair agus èiginn
Chùm mo threun-fhear cheann os àird.

16   Le buan-leanaltais is ìobairt
Agus seasmhachd ar sluagh-tìre
Rinneadh cor an Airm nas cinntich',
'S fhuaradh innleachdan na b' fheàrr;
Fhuair mo shaighdear na bha dhìth air –
Gunna mòr le cuairt da-rìreadh
Bheireadh ionnsaigh chuimseach dhìreach
'S lasraidh' theinteach sìnt' ri eàrr.

17   Le barrachd misnich 's barrachd dòchais,
Barrachd gliocais, barrachd tèomachd,
Barrachd sgil is barrachd eòlais,
Chum a chòmhraig ghabh e 'm bàt',
Null gu dùthchannan nach b' eòl da,
Far 'n robh ghrian, glan-rùisgt', a' dòrtadh –
Gathan teas ga chlaoidh an-còmhnaidh,
Speur gun sgòth an tìr gun sgàil.

18   'N talamh crith le toireaman urchrach
Charbad-cogaidh, trom le lùireach,
Bha da ionnsaigh air an stiùireadh
'S e na chrùban, feitheamh fàth,
Chum 's gum feuchadh e chuid fùdair
Le làmh chinnteach air na brùidean,
Oir mur cuireadh e nan smùid iad
Bhiodh a' chùis ro dhona dha.

19   Nuair bu sgìthe e le teanntachd
Agus fois na h-oidhche gann dha,
Thigeadh fras pheilear a-nall air
Agus srann ac' anns an fhàl;
'S ann gu bitheanta san àm sin,
Nuair bhiodh bith is fuath is greann air,
Rachadh dìoghaltas na cheann-san:
Bha sin calltach air an nàmh.

20   B' e mo shaighdear am fear-tòire
Fuilteach, gruamach an cath-òrdugh,
Isneach ghrad-loisgeach na dhòrnaibh
'S cead a mheòir aic' 'n àm a b' àill;
'S mòr an fhuil a chaidh a dhòrtadh,
Sgrios is sgapadh, lot is leònadh,

Mun do strìochd an nàmh sa chòmhraig,
'S mun do chleòchd e, ceann ri làr.

21   Saighdear cruaidhichte ri gàbhadh,
Grad, neo-mhothachail mar bha e,
Cha b' e iarrtas a bhith cràdhadh
'S a bhith marbhadh gun cheann-fàth;
Bha e caoidh airson nam bràithrean
A rinn tuiteam air na blàraibh,
Is nach d' èirich às a' chlàbar –
Fhuair iad bàs ann air ar sgàth.

22   Saighdear daingeann, seasmhach, lùthmhor,
Gaisgeil, foghainteach is cliùiteach,
Bha e treibhdhireach da dhùthaich
'S do cheann-iùil gu smior a chnàimh.
Am measg connsachadh is ùpraid
B' e a ghuidhe fad na h-ùine
Buaidh le ceartas, casg air ciùrradh,
Sìth às ùr, is tilleadh slàn.

23   Chan eil mise deanamh àireamh
Air uil' euchdan dhuibh an-dràsta,
Ach nuair fhuair e dhachaigh sàbhailt'
Chuir iad fàilt' air le mòr-bhàidh;
Dh'iarradh e nis sìth is sàmhchair,
Cothrom cosnaidh aran làitheil,
Rèit' ri Dia is comann chàirdean
An tìr àghmhor nam beann àrd'.

The Soldier

1. When the great war was erupting, and enemies putting us to the test, Britain was half-armed, little expecting to get involved; a call was sent country-wide, seeking hearty young lads, who would be steadfast in the matter and who wouldn't refuse in an emergency.

2. Now, most fortunately, faithful brave youths answered the royal call to arms, and Scotland didn't delay. Heroes came from every part to subdue the rogue, and to chase him off the face of the earth, and to break his army completely.

3. Such was the opinion of this young soldier to whom I dedicate my song. He received his war training in the Oban regiment: the quartermaster kitted him out with a uniform from his store, a cap and a golden badge and gave him his weaponry.

4. The commanders were roaring when teaching how to use the bayonet, all the time keenly inciting him to give fierce blows with a cry: hurrying

him up, very disrespectfully, to be brave and valorous, stubborn, expert, lively, firm and prepared, awaiting orders.

5. O, my poor soldier, the poor soul, he never realised then all the misery awaiting him and the trouble he would be involved in; but nevertheless, despite hardship, his ancestors' heritage upheld him; they were used to having the upper hand, many a time victorious over others.

6. When the time came, he left Scotland behind, the land of his heroic and renowned forefathers, the land of his desire, the land he loved: tossed about in a steamship, among a myriad-packed company, his thoughts were awakened, and his eyes full.

7. But as a soldier and a Gael, there was no cowardice in him. He wasn't a weakling by nature and he wasn't ashamed of how things were; it was zealousness for his homeland and the extent of the regard he had for his relations, and the love of the one he left behind, which distressed and pained him.

8. During winter he spent his time between forts and holes and ditches, strongholds and refuges, defence bulwarks and trenches; the matter was indeed uncertain, for the enemy was always ingenious as to where he would strike destructively, and what country would come next under his fist.

9. My soldier got some days leave, and he was directed to a French town: he was comfortable there and in luxury, looking for happiness in the streets, when the enemy struck with violence in the low, level countries, and there were some armies in Holland, and more on their heels.

10. Things were unpleasant, dark, for the enemy was, for a while, victorious; the land of France completely put to flight – it was not a peaceful place to be; children and womenfolk expelled, planes murdering and torturing them, spraying them with intense fire from above, pitilessly in the battle.

11. In the terror of the fierce encounter, Utter Destruction let loose with fury every weapon in his armoury, and the uproar was extreme; every deadly splintering bullet went with a screech on its unnatural journey, striking with a thundering noise and rattle, and breaking targets in pieces.

12. The enemy's might triumphed and France abjectly, shamelessly yielded, and my soldier and his brothers were left on the beach, under destructive, deadly fire, revenging as they escaped – to yield in the midst of trouble is not something to satisfy the Gael.

13. Heartfelt thanks to the Royal Navy, who made sure of his rescue, who saved him splendidly with great diligence and struggle, who made light of dangers and who took him safely to the mainland – never will their deed be forgotten throughout the ages and for all generations.

14. It was with a heavy and sad heart he left his close companions, some of whom were caught in the noose of a deceitful rabble enemy: he vowed to go to them when time and circumstances would allow. He placed them, while on his knees, in the care of the King of Graces.

15. The High Command told us that there was nothing in the world but blood, hard work, sweat and tears for us. And there was no lack of these with us; on sea, on land and in the skies there was harassment and pain and wounds; and (yet) through every distress and difficulty my valiant one kept his head high.

16. With perseverance and sacrifice, and the steadfastness of our population, the situation of our army was more assured. Better equipment was provided; my soldier received all that he needed – a large gun with a good round that could deliver a straight and accurate volley with a tail of fiery flame.

17. With more confidence and hope, wisdom and adeptness, skill and knowledge, he went by ship to the combat, to countries unknown to him, where the naked sun poured down its rays – (its) hot beams always exhausting him, a sky without cloud in a land without shadow.

18. The ground shook with the roaring gunfire of tanks, heavy with armour plating, (gunfire) aimed at them, as he crouched waiting for a chance to try his weapon (lit. powder) with steady hand at the brutes, for if he couldn't blow them to bits matters would be very bad for him(self).

19. When he was most tired with adversity and lacking a night's rest, a shower of bullets would come his way, whining into the dike; often then, when he'd be hateful, enraged and growling, he would imagine revenge; something destructive for his enemy.

20. My soldier was the bloodthirsty, forbidding pursuer when in battle order, an automatic weapon in his fists and the freedom to fire it at any time. Great the blood that was spilt, the destruction and dispersal, stabbing and wounding, before the enemy yielded in battle, and before he collapsed, head in the dust.

21. A soldier hardened to danger, quick, unassuming as he was, it wasn't his wish to hurt and kill without cause; he wept for the brothers who fell on the battlefields and who didn't rise from the mire; they died there for us.

22. A firm, steadfast, strong soldier, heroic, valiant and renowned, he was faithful to his country and to his leader to the marrow. Amidst quarrelling and uproar his wish all the time was victory with justice, putting a stop to injury, peace renewed and a safe return.

23. I'm not reciting all his heroic deeds for you now, but he got home safely and they welcomed him with great kindness. He would now wish peace and quiet, a chance to earn his daily bread, peace with God and the company of friends in the magnificent land of the high mountains.

Nollaig gu Nèasar

B' e mo mhiann a bhith gu dearbh
Còmhla ruibhs' aig a' Bhliadhn' Ùir,
Ach tha 'n cogadh doirbh is searbh
Is mì-thaitneach 'n iomadh cùis.
Ach ged a tha sinn fad 'o chèil',
Tha m' inntinn siubhal don tùbh tuath,
Gu h-àraidh nuair thig làithean fèill –
Don àrm tha agam gràin is fuath.

Ach òlaidh mis' an seo bhur slàint'
Is slàinte mhòr don rìgh,
'S gum bi sibh uile fa llain slàn
An uair thig rian is sìth;
Ach gum faigh Hitler bàs gu luath
Le tinneas mòr no plàigh,
Is gun tèid Goebbels thachdadh fuar
'S nach tig fear eil' na àit';
'S gum falaich Lord Haw Haw a ghnùis
Fon leabaidh sa phoit bhàin,
'S gun caill e 'n sin a neart 's a lùths
'S nach tog e ceann gu bràch.

Christmas Greetings to Nezzer

My desire, indeed, is to be with you at New Year time, but the war is difficult and bitter and unpleasant in many ways. But although we are so distant from each other, my thoughts travel to the north, especially when it's a holiday – for the army I have hatred and loathing.

But here I'll drink your health, and a great health to the king, and may you all be hale and hearty when order and peace come; but may Hitler get a swift death with illness or plague, and may Goebbels be choked to death and no-one else take his place; and may Lord Haw Haw hide his phyzog under the bed in the chamber pot, and may he there lose his strength and power and may he never lift his head.

Nollaig gu Briogsaidh

1   De Shasainn tha mi seachd seann searbh,
Ach taingeil bhith slàn fallain,
Ach b' e mo mhiann a bhith gu dearbh
'N Cùl Droma aig a' Challainn.
Ach bidh sinn beò an dòchas 'n-dràst',
Ged tha sinn fad' bho chèil',
Gum bi sinn còmhla Callainn fhath'st
Is iomadh tè na dèidh.

2   Nach cual' thu fhèin 's mi fhèin gu tric
Bho ar caraid Iain Mòr Eachainnean
Gu robh air Challainn daoine glic,
Gun idir dhol air seachran.
Ach slàinte bhuamsa dhuibhs' gu lèir,
Is Bliadhna mhath nuair thig i:
Gum bi soirbheas daonnan air bhur ceum
Is beagan anns a' phigidh.

Christmas Greetings to Brixie

1. Of England I am heartily sick, though thankful for good health, but I'd really like to be in Cùl Droma for the New Year. We will live in the hope, meantime, though far apart, that we'll spend a New Year together yet, and many a one thereafter.

2. Haven't you and I often heard from our friend Big Iain Eachainnean that there were at New Year time wise people who did not stray at all. But good health from me to all, and a good New Year when it comes: may you ever prosper, and have a little in the jar.

A' Bhliadhna Ùr (air fonn *Fàgail Bharraigh*)

1   Tha 'n t-seann bhliadhna nis thairis oirnn
Is tha Bhliadhn' Ùr na h-òige:
Tha sinne seo air cladaichean
Mu choinneimh na Roinn Eòrpa.
Nach fheudar dhuinn bhith faireachail
Is dìleas don Rìgh Deòrsa,
Is an Cuan Tuath gar dealachadh
Bho nàimhdean suarach seòlta.

2   Tha armachd adhair nan Gearmailteach
Gach oidhch' sna speuran dorch'
Is fir nan gunnaichean ri spàirn
A' losgadh air an lorg;
Ach tha an Gearmailteach gun nàir',
Gun duinealas, làn foill,
A' dòrtadh teine sgrios is cràdh
Air mnathan òg 's air cloinn.

3   'S gur tric tha m' inntinn siubhal suas
Don Ghàidhealtachd à Sasainn,
An uair tha uabhasan mun cuairt,
'S an talamh crith fom chasan;
Nuair bhios mo chridhe dol gu luath
'S a' breabadaich am shlugan,
Is m' fhuil a' goil le fearg is fuath
'S mi 'n toll no 'n clais am chrùban.

4   'S ann sin bu mhiann leam fèin a bhith,
San uamhaig fo Creag Chòimh,
'S gu fanainn innt' gus 'n tigeadh sìth
'S gum bithinn tèaraint' fòith':
Ach bha e 'n dàn, is tha sinn dràst'
Cogadh son Rìgh is saorsa;
Cò fear lem b' àill a bhith na thràill
Is a bhiodh gun nàir' fo dhaorsa?

5   Nach seas sinn dìleas agus aonte
Mar 'r n-athraichean 's ar sinnsir,
A dhòirt am fuil air blàr 's air fraoch
Son saorsa beul is inntinn;
'S a sheas gu tric an tìrean cèin,
'S a phàigh le fuil an luach
A chùm gum biodh sinne gu lèir
Gun fhiamh no geilt nar smuaint.

6   'S na gillean òg' a bha sa Fhraing,
Sheas iad ri cliù an sinnsir;
Thuit cuid gu duineil an làimh an nàmhaid,
Nan ceudan 'n aghaidh mhìltean.
Mo chomachd ri fir cealg na Fraing',
A thrèig an taobh gun dùil ris:
Cha sheasadh iad rin taobh, no taing,
'S cha ghabhadh am beàrn a dhùnadh.

7   'S na Gàidheil tha nam prìosanaich,
Is iad bha dìleas, cuireal;
Na Camshronaich 's na Sìophortaich,
Nach iad as fhiach am furan:
Na thig dhiubh dhachaigh sàbhailt' slàn,
Is e ar guidhe 's ar dòchas
Gum faigh iad coibhneas air gach làimh
'S gum bi iad pailt an stòras.

8.   Chaidh bliadhna eile thairis oirnn
Is thug i leatha a cunntais;
Nach i a rinn an sgapadh oirnn
'S air balaich òg' ar dùthchais:
Ach ged tha neulaibh dorch' san speur,
Tha ghrian fhathast air an cùlaibh;
Nuair dh'èireas na gaothan nan sèid
Gun sgapar h-uile h-aon dhiubh.

The New Year (to the tune *Fàgail Bharraigh*)

1. The old year is now past and the New Year is in her youth: we are here on the shore opposite Europe. We have to be watchful and faithful to King George, because the North Sea separates us from contemptible, cunning enemies.

2. The German air force is each night in the dark skies with batteries strenuously firing at their trails; but the Germans are shameless, unmanly, full of deception, pouring destructive fire on young women and children.

3. Often my thoughts travel up to the Highlands from England, as when there are horrors around and the earth shakes under my feet; when my heartbeat quickens and thumps in my gullet and my blood boils with anger and hatred, as I crouch in a hole or a ditch.

4. Personally, I'd wish to be in a cave under Creag Chòimh, and I'd stay there till peace came and I'd be safe under it: but it was fated and now we fight for King and freedom: who would wish to be a slave and who would shamelessly be enslaved?

5. Let us stand faithful and united like our forefathers and ancestors who poured their blood on battlefields and heather for freedom of speech and thought; and who often stood in foreign lands, and who paid with their precious blood, so that we all might express our thoughts without timidity or fear.

6. And the young lads who were in France, they upheld the fame of their ancestors. Some fell manfully into enemy hands, hundreds against thousands. I blame the French deceivers, who forsook their side unexpectedly. They wouldn't stand with them, or (give) thanks, and the gap couldn't be filled.

7. And the Gaels who are imprisoned, they are faithful, hardy; the Camerons and the Seaforths, don't they deserve the welcome: those of them who will come home safe and sound, our plea and hope are that they will be kindly dealt with everywhere and that they will be well off.

8. Another year has passed us by, taking its reckonings with it; hasn't it brought dispersal upon us and on the young lads of our homeland: but although the sky has dark clouds in it, the sun is still behind them; when the wind rises in gusts each one of them will be scattered.

'S e Ghàidhealtachd as àill leam
(air fonn *Loch Lomond*)

1   O, 's e Ghàidhealachd as àill leam,
    O, 's e Ghàidhealtachd as àill leam,
    Far 'm faighinn furan dàimheil
        sna gleannaibh:
    Biodh cùisean bog no cruaidh,
    Ach bheir sinne cliù is luaidh
    Don a' Ghàidhealtachd mu thuath,
        tìr nam beannaibh.

2   Am baile mòr le thurghraich,
    Cha choim'sar ris an dùthaich,
    Far nach eil smùid no sùithe
        no fàileadh:
    An àit' fuaim cas air cabhsair,
    Tha glugadaich nan alltan,
    'S an àite cànan Gallta
        tha Gàidhlig.

3   An àite pocan guail,
    Tha a' mhòine anns a' chruaich,
    'S b' e an cuan a' mhargaid èisg
        le bhith saothrach:
    Bheir an lìon beag 's an dorgh
    Do na Gàidheil iasg gu leòr,
    'S bheir na monaidhean dhaibh feòil
        fhallain chaorach.

4   'S fheudar dhuinn bhith saothrach, treun,
    'G àiteach talamh 's 'g àrach sprèidh;
    'S fheàrr bhith sona, sìochail, rèidh
        na bhith saidhbhir,
    Is bidh teine math fon t-slabhraidh
    Nuair a thig gailleann a' gheamhraidh,
    'S am bàrr cruinn 's air a sgeunadh
        's na saibhlean.

5   O, tha sòlas mòr ri fhaotainn
    Anns na monaidhean 's na raointean
    A' buachailleachd nan caorach
        air aonach:
    Bheir gaoth fhallain nam beann
    Spionnadh nèirt don fhear as fhainn',
    'S tha gach fàrdach anns gach gleann
        nochdadh aoigheachd.

6　　B' fheàrr bhith 'èisteachd còmhradh càileor
　　　'n àm bhith cèilidh 'n taigh nan nàbaidh,
　　　na bhith measg drip mhòr na sràide
　　　　'n tìr nan Gall:
　　　Cò bheir barrachd air na Gàidheil? –
　　　Chan eil cinneach tha nas bàidheil' –
　　　Bu mhath do Shasainn breith air làimh air
　　　　tìr nam beann.

I love the Highlands (to the tune *Loch Lomond*)

1. Oh, it's the Highlands I love, Oh, it's the Highlands I love, where I'd get a friendly welcome in the glens: let things be easy or hard, we will give esteem and praise to the Highlands in the north, the land of the mountains.

2. The city with its noisiness can't be compared with the country, where there's no smoke or soot or smell: instead of footsteps on pavements, there's the gurgling of the streams, and instead of a foreign language there is Gaelic.

3. Instead of a bag of coal, there's peat from the peatstack and the sea is the fish market, if one works hard: the small-line and the hand-line give the Gael plenty fish and the moors will give them wholesome mutton.

4. We have to be industrious, strong, working the land and raising livestock. Better to be happy, peaceful, quiet, than to be rich, and there will be a good fire under the chain when the storms of winter come and the crops are gathered neatly in the barns.

5. Oh, there's great joy to be had in the moors and fields herding the sheep on the steep: the wholesome wind of the mountains gives vigorous strength to the weakest, and every dwelling in the glen gives a welcome.

6. It were better to be listening to pleasant conversation when visiting neighbours' houses than to be amidst the busy clamour of the streets in the land of the Gall: who is more generous than the Gael? There aren't people who are kinder - England would do well to be friends with the land of the mountains.

'S e bhur litir a chòrd rium

Bhiodh e na chleachdadh uaireannan aig Iain Camshron a bhith a' freagairt litir a gheibheadh e le dàn no rannan: seo eisimpleir laghach dhe sin.

1   'S e bhur litir a chòrd rium
    'S a chuir pròis agus stàirn orm,
    Mar a chuir sibh gu dòigheil
    An òrdugh an 'Fhàilt" dhomh:
    Le sreathan rèidh còmhnard
    Is bòidhchead bhur Gàidhlig,
    Chuir sibh urram sònraicht'
    Orm, òg 's mar a tha mi.

2   Bidh mo dhùrachd gu bràth dhuibh
    'S gach àit' anns an gluais mi:
    Sàr cheatharnach àrdail,
    Fìor Ghàidheal 's duin' uasal:
    Mun do chrùn iad nam Bhàrd mi,
    Is a bha mi air fhuadain,
    'N sin thug sibh gu dàimheil
    Don àite sgrìob-chuairt leam.

3   Mo ghuidhe 's mo dhòchas
    Gun deònaich an t-Àrd-rìgh
    Dhuibh sìth agus sòlas,
    Gun deò bhith gur cràdhadh:
    Is gum faic sinn an còrr dhibh
    Aig Mòdan mar b' àbhaist,
    A' soillseadh mar lòchran
    'S a' treòrachadh chàich ann.

Mus e bhur toil e, gabhaibh mo thaing chridheil airson an dealbh, a fhuair mi gu sàbhailte agus a tha ro luachmhor agam.
Mise gu dùrachdach,
Bhur caraide,
Iain Camshron
22 Inbhir Àsdal
Siorrachd Rois   10-11-53

I enjoyed your letter

Iain Cameron sometimes used to reply to a letter with a song or verses. The following is a fine example.

1. I enjoyed your letter; it made me proud and I felt honoured, the way you so happily prepared a 'Welcome' for me: with fine polished lines and the beauty of your Gaelic, you honoured me greatly, young as I am.

2. My best wishes will be with you always, wherever I happen to be: true stalwart hero, a real Gael and gentleman: before I was crowned Bard, while I was in exile, you came devotedly to visit me there.

3. My hope and prayer is that the High King will grant you peace and happiness, without anything causing you grief: and that we will see more of you at Mods as usual, like a lantern and guiding others there.

Please accept my sincere thanks for the picture received safely, which I value highly.

With best wishes,
Your friend,
Iain Camshron
Ross-shire   10-11-53

**A' càradh mullach a' phoirdse aig 22 sa Bhaile Mheadhain.
Tha athair is màthair Iain san doras. Chaidh an dealbh a thogail ro Mhòd an
Òbain ann an 1953.**
Repairs to porch roof at 22 Midtown. Iain's father and mother in doorway.
Photograph taken before Oban Mod in 1953.

**Air tilleadh às an Òban às dèidh a bhith air a chrùnadh (1953).
Tha e air beulaibh 22 am Baile Meadhain, le athair.**
Return from Oban after being crowned Bard (1953).
At front of 22 Midtown with his father.

"Tea Party" san Òban às dèidh dha bhith air a chrùnadh
mar Bhàrd ann an 1953
Clì gu deas: A' Bh-ph M. Hughes, Poll Iù, Murchadh Camshron (bràthair Iain)
Iain Camshron (leis a' phoit-tì), A' Bh-ph F. Chamshron (bean Mhurchaidh), A'
Bh-ph M. NicIllEathain, Tuathanas Dhruim a' Chorc,A' Bh-uas I. NicCoinnich,
Taigh-òsta an Uillt Bheithe
"Tea Party" in Oban after being crowned Bard in 1953.
Left to right: Mrs M. Hughes, Poolewe, Murdo Cameron (Iain's brother). Iain Cameron
(with teapot) Mrs F. Cameron (Murdo's wife), Mrs M. MacLean, Drumchork Farm,
Miss I. Mackenzie, Aultbea Hotel

**Là na bainnse. A' fàgail Eaglais Shaor Pholl Iù
agus air an rathad dhan bhanais ann an Taigh-òsta Pholl Iù.**
Wedding day. Leaving Poolewe Free Church on way to reception at Poolewe Hotel.

Iain agus a bhean, Effie
Iain and his wife, Effie

Earail

1   'S iomadh fear tha còmhla riums' anns an Arm,
    Cuid nas miosa na mi fhèin, 's cuid nas fheàrr;
    Cuid nas òige 's cuid nas sine,
    De gach cinneach agus fine;
    Muinntir dhùthaich, bhail' is ghlinne
        air an gairm.

2   Bheirinn comhairl' oirbhs' tha dol 'an Arm às ùr
    Sibh ur giùlan fhèin le onair agus cliù:
    Cuiribh uaibh an uaill 's an àrdan
    Ma tha cus diubh sin nur nàdar;
    Bidh sin chum feum dhuibh fèin 's ur càirdean,
        tha mi 'n dùil.

3   'S ged a bhiodh sibh air ur cràdh 'n iomadh dòigh,
    'S fheàrr bhith cridheil ris gach fear a thig nur còir:
    Chan eil feum air a bhith dubhach,
    Ach tha mòr-fheum a bhith subhach;
    'S e bhith fearail, geanail, lurach
        fad' as fheàrr.

4   O, 's e fearalas is geanalas as fheàrr;
    Tha a' mhuinntir a bhios gruamach fada ceàrr:
    Tha an t-aineolas cho trom,
    Is na eallach air gach com;
    'S iomadh fear a dh'fhàg e lom
        iomadh uair.

Advice

1. Many a person is with me in the Army, some worse than I, some better, some younger, some older, of every tribe and clan, country folk, from town and glen, they have been called (up).

2. I'd offer some advice to you who are joining the Army for the first time, to conduct yourselves honourably and sensibly: dispense with pride and arrogance if you have too much of these. That will benefit yourself and your friends, I'm sure.

3. And although one is pained in many ways, better to be friendly with those with whom we deal: it's not good to be downcast, but there's a great need to be cheerful; much better to be manly, pleasant and nice.

4. Manliness and cheerfulness are best; the folk who are gloomy are far wrong: ignorance is onerous, and a heavy burden on everyone; it has left many a person bereft many a time.

Fàilte do Thìr nam Beann

1   Fàilte do Thìr nam Beann;
      Fàilte do gach frìth is gleann;
      Fàilt' agus fàilt' nach gann;
      Fàilte do Thìr nam Beann.

2   Fàilte bhlàth don fhraoch 's don chluaran,
      'S do gach alltan beag is fuaran,
      Blàraibh chanach 's achaidh luachrach
      'S creagan gruamach Tìr nam Beann.

3   Anns na dùthch'nnan thall san d' thriall mi,
      Teas gam mhùchadh is gam phianadh,
      Cha d' fhuair mi riamh fiù càil mo bhiadh annt'
      Mar a fhuair mi 'n Tìr nam Beann.

4   Nuair bhios deuchainean nam chùrsa,
      Mi fo throm-mhulad cho tùrsach,
      Dìridh mi suas ri na stùcan:
      Gheibh mi sòlas 'n Tìr nam Beann.

5   'N àm bhith cèilidh measg nan càirdean,
      Teas nan èibhleag a' cur blàths oirnn,
      Gheibh sinn sgeul is rann an Gàidhlig
      Mar a b' àbhaist 'n Tìr nam Beann.

6   Fàilte don a' chinneadh phròiseil
      A thug aoigh do Phrionns' air fhògair:
      Chuir na nàimhdean luach mòr òir air,
      Ach cealgair cha robh 'n Tìr nam Beann.

7   Feachd an èilidh, fàilt' gach bliadhna,
      An sàr àm feum, thig fios gur n-iarraidh –
      Gach gàbhadh geur, gach cath as fiadhaich',
      Bidh sibh ann à Tìr nam Beann.

8   Chan eil iarraidh air mòr-bheartas,
      Fàilt' don latha a gheibhear pailteas,
      Riaghladh math le sìth is ceartas
      Do gach dùil an Tìr nam Beann.

Welcome to the Land of the Mountains

1. Welcome to the land of the mountains; welcome to every deer forest and glen; welcome and a great welcome; welcome to the land of the mountains.

2. A warm welcome to the heather and the thistle, and to every little stream and spring, meadows of bog cotton and fields of rushes and the forbidding rocks of the land of the mountains.

3. In the far off countries where I travelled, suffocated and pained by the heat, I never even had an appetite for food there as I had in the land of the mountains.

4. When there are trials in my way and I am grief-stricken and sad, I will climb the mountain peaks: I gain consolation in the land of the mountains.

5. When we visit friends/relatives, the heat of the embers warming us, we will get a story and song in Gaelic as was usual in the land of the mountains.

6. A salute to the proud people who gave the Prince hospitality when he was a fugitive: the enemy put a great price of gold on his head, but there wasn't a scoundrel in the land of the mountains.

7. Army of the kilt, a welcome (to you) each year; in extremity, a request will come for you – in each tough crisis, in the wildest battles, you will be there from the land of the mountains.

8. There is no desire for great wealth: welcome the day when there is sufficiency, (and) good government with peace and justice for every creature in the land of the mountains.

A' Home Guard

1 Tha Home Guard air a' bhaile seo,
Le armachd tha iad èidicht':
Tha Home Guard air a' bhaile seo
Is spionnadh Chabar Fèidh annt'.

2 'S nuair bhios iad shìos san Eirtheire
An comann càch-a-chèile,
Cha ghluais iad ach nan leumannan;
Tha spionnadh Chabar Fèidh annt'

3 'S an uair bhios càch nan leapannan
Le cluais is sùilean dùinte,
Bidh Home Guard air na geataichean
Mun tig an nàmh gun dùil ris.

4 Thàinig grìs fhuar air Hitler truagh
Is meanbh-chrith air a chàirdean
Nuair chual' e gun d' èirich cho luath
Home Guard air Inbhir Àsdal!

5 Dh'fhalbh an gibht labhairt bho Ribbentrop
Nuair dh'innsear dha an sgeula
Gu robh Guard air a' Chamas Mhòr
A' feitheamh ri invasion.

6 Is Haw Haw fhèin bha fallas air
Aig àm leughadh nam breugan:
Bha cabhaig agus tachas air
'S neo-ar-thaing dha thàinig èis air.

7 Tha seann laoich measg nam balach
'S cha charaich is cha ghèill iad
Cho fad 's a bhios neart colainn ac'
'S an gàirdean air cùl beigeileid.

The Home Guard

1. There is a Home Guard on this village, outfitted with arms: there is Home Guard on this village, they have the vigour of the Caberfeidh.

2. When they are down at Eirtheire in each other's company, they always move with a spring: they have the vigour of the Caberfeidh.

3. When everyone else is in bed with ears and eyes closed, the Home Guard will be at the gates in case the enemy comes unexpectedly.

4. A cold shudder came over poor Hitler, and his friends shivered when he heard how quickly a Home Guard was raised in Inverasdale!

5. Ribbentrop lost his power of speech when he was told the news that the Camas Mòr had a Guard, waiting (for) an invasion.

6. And Haw Haw himself was in a sweat at the time of reading the lies: he was hurried and scratched, and despite himself he stuttered.

7. There are old warriors among the boys and they will not move or yield as long as they have bodily strength and their arm behind a bayonet.

A dhuine ghòraich ladarna

Sèist A dhuine ghòraich ladarna,
Gun cuir mi fhèin seachd sad asad:
A dhuine ghòraich ladarna,
Gum faigh thu 'm bat' 's an sgiùrsair.

1   Cha robh ann ach toiseach tòiseachaidh
An oidhche ud a phòg thu mi,
'S a dh'fhaighnich thu, 'Am pòs thu mi?'
Nach bochd nach d' rinn mi diùltadh.

2   Le cabhaig chuir thu 'n car ud dhiot
Mun robh mi ceart am fhaireachadh:
A-nis gu fìor is aithreach leam –
Nach bochd nach d' rinn mi diùltadh.

3   Chaidleadh tu gu sòlasach
Na seachd siùil-mhar' is còrr dhiubh,
Ach nis bhon tha mi còmhla riut,
Gun dùisg thu leis an sgiùrsair.

4   Tha phìob sin daonnan còmhla riut,
'S gu smocadh tu cruach-mhòine innt':
Mur geàrr thu bhàn an ceò aiste,
Gum faigh thu 'm bat' 's an sgiùrsair.

5   Na tèid gun fhios a dh'òl orm,
Is fuirich bhon taigh-òsta ud,
Neo bidh bhuil sin air do phòcaid
Is gheibh thu 'm bat' 's an sgiùrsair.

6   'S ann claon gu dearbh 's gun chiall tha thu,
Ach 's mairg an tè nach iarradh tu;
Gur maith leam ri mo shliasaid thu –
'S ann uairean bhios mi diombach.

You silly arrogant man

Chorus: You silly arrogant man, I'll give you a sevenfold beating: you silly arrogant man, I'll get the stick and the whip.

1. It was the very start of things, that night you kissed me, and you asked, 'Will you marry me?' Isn't it a pity I didn't refuse.

2. In a hurry you made your move before I was really aware: now I really regret it – pity I didn't refuse.

3. You would sleep peacefully (during) seven tides and more, but now since I am with you, the whip will waken you.

4. You always have that pipe, and you'd smoke a peatstack in it: if you don't cut down the smoke from it, you will get the stick and whip.

5. Don't go drinking without my knowledge, and stay away from that pub, or your pocket will suffer and you'll get the stick and the whip.

6. You are off balance indeed and senseless, but pity her who wouldn't want you: I like you next to my thigh – it's only sometimes I'd be annoyed.

O 'ille mo rùin

Do dh'Iain Camshron - rè a' chogaidh, nuair a chaidh e a-null thairis.
Bha an t-òran seo a rinn a mhàthair am measg phàipearan Iain.

This song by his mother was composed for Iain Cameron during the Second
World War when he was abroad. The song was amongst his papers.

1   O 'ille mo rùin, gur tu th' air m' aire gach là,
        On chaidh thu Diluain thar Chaolas na Frainge gu blàr:
        Tha m' shùilean gun smuain, mo chridhe fo ghruaim
          's fo sgàil;
        O 'ille mo rùin, gur tu th' air m' aire gach là.

2   O 'ille mo rùin, gur tu th' air m' aire gach là;
        Gun luaidh mi do chliù, oir 's mùirneach mise nad sgàth:
        'S e maise do ghnùis, cho ciùin, cho geanail, cho tlàth,
        Chuir m' anam fo thùrs', o, 's tu th' air m' aire gach là.

3   Mo shoraidh ad ionnsaigh null gu fearann na Fraing',
        Bidh mo spiorad-sa dlùth cia àite an leag thu do cheann:
        'S fad oidhche dhomh là gu 'n till thu gu slàn a-nall –
        O 'ille mo rùin gur tu th' air m' aire gach là.

The Lad I Love

1. O beloved lad, you are in my thoughts each day, since you left on
Monday (to go) over the English Channel to fight: my eyes are dull, my
heart is heavy and oppressed, o beloved lad, it's you I think of each day.

2. O beloved lad you are in my thoughts each day; I will praise your
character, for I'm full of joy when in your company: it is the handsomeness
of your face, so calm, so cheerful, so gentle, that has made me feel so sad,
it's you I think of each day.

3. My farewell/blessings to you to the land of France, my spirit will be
close wherever you rest your head: each day feels like a night until your
safe return – o beloved lad, it's you I think of each day.

Notaichean

Tha na notaichean a leanas mar a dh'fhàg Roy iad; far a bheil mi a' cur dad riutha tha mi a' comharrachadh sin le (mc). Bu chòir don leughadair a bhith mothachail gu bheil mòran fhaclan anns na h-òrain, agus nach eil air an ainmeachadh anns na notaichean idir, a tha air an litreachadh a rèir fuaimneachadh na dualchainnte. Feumar cuideachd cuimhneachadh gun robh Roy dìreach a' sgrìobhadh fhaclan fèir mar a bha daoine gan ràdh, gun 'ceartachadh' air gràmar.

Inbhir Àsdal nam Buadh

Bun don òran:
an t-seinn aig Iain Camshron fhèin, air teip-chèiseig ann an tasglann Taigh-tasgaidh Gheàrrloch : MA1987/4 taobh B (clàraichte an toiseach le Cè NicMhathain ca. 1961).

6a: *Sròin na Luirge Ruaidh.* Seo lùb air an rathad eadar Nàst agus Inbhir Àsdal, aig NG826840, far an tig neach am fradharc a' bhaile an toiseach.

7b: *Creag Chòimh.* Tha seo os cionn a' bhaile aig NG809856.

7b: *Loch Sguat,* aig NG8187. Gheibhear e air na mapaichean mar 'Loch Sguod'.

7c: *An àirde nan Gasgan.* Tha na Gasganan ([nə ˈg̊askanən]) aig mu thimcheall NG785850, sa mhonadh an iar air Inbhir Àsdal. Saoilidh mi gur e 'na lagan' no 'na glacan' as ciall don ainm (no gur ann mar sin a tha an t-ainm air a thuigsinn le daoine, co-dhiù).

Inbhir Àsdal Taobh Loch Iù

Bun don òran:
(1)   an t-seinn aig Iain Camshron fhèin, air teip-chèiseig ann an tasglann Taigh-tasgaidh Gheàrrloch : MA1987/4 taobh B (clàraichte an toiseach le Cè NicMhathain ca. 1961).

(2)   an t-seinn aig Iain Camshron fhèin, air teip-chèiseig ann an tasglann Taigh-tasgaidh Gheàrrloch : C1988/26 taobh A (clàraichte an toiseach le Iain Camshron fhèin, gun fhios dè an deat).

1c: Tha facal aon-lideach aig deireadh an t-sreatha seo, le fuaimreag à (tha am facal a' dèanamh comhardadh ri Nàst) nach eil soilleir air an teip.

Tog ort a Locha Dringe

Bunan don òran:

(1)   an t-seinn aig Iain Camshron fhèin, air teip-chèiseig ann an tasglann Taigh-tasgaidh Gheàrrloch : MA1987/19 taobh A (clàraichte le Roy Wentworth 1987).

(2)   an t-seinn aig Iain Camshron fhèin, air teip-chèiseig ann an tasglann Taigh-tasgaidh Gheàrrloch : C1988/26 taobh A (clàraichte an toiseach le Iain Camshron fhèin, gun fhios dè an deat).

Tha an t-òran seo air fonn 'Cead Deireannach nam Beann' le Donnchadh Mac an t-Saoir, 'Donnchadh Bàn nan Òran' ('s e 'Is Togarrach a Dh'fhalbhainn' an t-ainm a bha aig Iain fhèin air an fhonn seo).

Tiotal: *Locha Dringe* [Lɔxɑ ˈd̥ r̃ŋˊgˊə]. Loch mòr suidhichte tuath air Inbhir Àsdal, aig NG7790. Cluinnear an t-ainm cuideachd mar *Locha Druing* [Lɔxɑ ˈd̥ r[ũ ĩ]ŋˊgˊ].

1b: *an ceannaiche*. Frith-ainm a tha aig a' bhàrd an seo air Alasdair Urchardan (air an robh cuideachd na frith-ainmean 'Alasdair a' Ghille Bhuidhe' agus 'Briogsaidh'), seach gu robh bùth grosair agus van aige.

1c: *thaibhne*. 'S e facal leis an fhuaimneachadh [h[ɣi]nə] a tha aig Iain an seo air na teipeachan. Dh'fhaodadh na riochd de 'hàbh' no 'hàbhan', iad fhèin nan riochdan dualchainnteach air 'tàbh', 'tàbhan' (Beurla 'landing-net'). *?Thoir leat do shlat 's do (t)haibhne.*

2e: *fo rìneag*, Beurla 'under weeds, full of weeds'.

2f: *'n eacarsaich*, 's e sin 'an fhaoineis', faisg air an aon chèill ri Beurla 'capers, nonsense'.

2g: *fileadh*, 'falbh gun fheum no gun adhbhar', Beurla 'prowling'.

3e: *an Fhéithe Dìreach*, agus 4a *Loch na Fèithe Dìreach*. Loch air an t-slighe eadar Inbhir Àsdal agus Locha Dringe, aig NG787887.

48:     *Loch na Claise Càrnaich*, loch suidhichte eadar *Loch na Fèithe Dìreach* agus Locha Dringe, aig NG778895. Tha an t-ainm a' nochdadh mar 'Loch Ceann na Càrnaich' air mapaichean an t-Suirbhidh Òrdanais.

Locha Druing

Bunan don dàn:

(1)   clò-sgrìobhainn a bha roimhe ann an seilbh Iain Chamshroin (fotocopaidh an tasglann Taigh-thasgaidh Gheàrrloch)

(2)   *Gairm* àir. 33 (Am Foghar 1960) ttd. 21 3.

Choisinn an dàn seo an dàrna duais aig Mòd Nàiseanta 1952 ann am Baile Bhòid. An ath bhliadhna choisinn Iain Crùn na Bàrdachd aig a' Mhòd san Òban leis an dàn 'An Saighdear'. Dh'innis Iain dhomh gun do chaochail a mhàthair san àm eadar an dà Mhòd sin, agus gun robh e duilich nach fhaca i e mar sin a' faighinn Crùn na Bàrdachd.

Tiotal: agus deireadh gach rainn: *Locha Druing* [Lɔxɑ 'd̥r[ǔ r̃]ŋ´ɡ´]. Clò-sgr.: 'Loch a Druing', Gairm 33: 'Loch a Druing'. Cluinnear ainm an loch seo cuideachd mar *Locha Dringe* [Lɔxɑ 'd̥r̃ŋ´ɡ´ə] (agus 's e seo a gheibhear mar eisimpleir san òran 'Tog ort a Locha Dringe'). Theirear an t-ainm seo an dà chuid ri loch, agus ri tuathanas a b' àbhaist a bhith ann ri taobh an loch.

1d: d' àilleachd: *sic* an clò-sgr. agus *Gairm.* Cluinnear an dà chuid [d̥] (d') agus [tʰ] (t') mar bhuadhair seilbheach ro fhuaimreagan ann an Geàrrloch.

2e: *den bhàitheach.* Clò-sgr.: 'de'n bhaitheach', *Gairm* 'de'n bhàthaich'. 'S e [b̥ɑːjhɔx] *bàitheach* a chluinnear ann an dualchainnt Gheàrrloch mar fhuaimneachadh air an ainmear seo.

2j: *na màghan*, i.e. 'na màgan' (Beurla 'rigs'). Bha am fuaimneachadh [mɑ̃ːɣ] màgh, iolra [mɑ̃ːɣən] *màghan*, uaireannan aig Iain air an fhacal 'màg'.

2l: *Aig bràigh Locha Druing*, i.e. bràigh an tuathanais.

Rann 4: Tha Iain an seo a' toirt iomradh air an sgeul gun d' fhuair Donnchadh MacRath, Eilean Iù, casg de bhuinn òir airson feum a' Phrionnsa Theàrlaich, agus gun do chuir e am falach an casg anns an Fheadan Mhòr os cionn Locha Druing, far a bheil e a' mairsinn chun an latha an diugh (faic J.H. Dixon (1886) *Gairloch,* ttd. 55, 166 agus 334. Chan eil an sgeulachd ag ràdh gun robh am Prionnsa fhèin air fhògair mu sgìre Gheàrrloch, ged as e seo a tha Iain a' tagradh, a rèir coltais, ann an sreathan 4a,b.

4d: *glinn.* Air fhuaimneachadh an seo [ɡ̊l´[ɤi]ɴ´] gus comhardadh a dhèanamh ri *suinn : Druing* ('s e [ɡ̊l´ ĩːɴ´] am fuaimneachadh àbhaisteach san dualchainnt ; faic cuideachd an not air 5d, h).

4f: *sna còisean.* Gheibhear an dà riochd [kʰɔːʃ] còis, iolra [kʰɔːʃən] còisean, agus [kʰɔːs] còs, iolra [kʰɔːsən] còsan, mar fhuaimneachaidhean air an fhacal seo an Geàrrloch (Beurla: 'cave(s)').

5d: *mìls'.* Is dòcha airson ainmeir 'mìlse' (Beurla 'sweetness').

5d,h: *mìls', grinn.* Air am fuaimneachadh an seo le dà-fhoghar [ˈ[ɤi]l] gus comhardadh a dhèanamh le *Druing* ann an 5l. 'S e fuaimneachaidhean le aon-fhoghar [ĩː] fhada a chluinnear gu h-àbhaisteach san dualchainnt (faic cuideachd an not air 4d).

5e: *'n iadh-shlat.* An seo is dòcha gun d' fhuair Iain am facal *an iadh-shlat* bho fhaclair MhicCoinnich (Mackenzie 1845), far a bheil e air a shealltainn (còmhla ri 'eidheann') mar Ghàidhlig air Beurla 'ivy' *Hedera helix*; ach ann an cainnt chumanta an dualchainnt Gheàrrloch tha am facal *an iadhshlat* [ə ˈɴˊ[iə]ʟ̥ haht] (còmhla ri *an teadhair-ma-chrann*) air a chleachdadh mar Ghàidhlig air *Lonicera periclymenum* (Beurla 'honeysuckle'), agus 's e eidheann a chluinnear mar Ghàidhlig air *Hedera helix*.

5f: *lus a' chraois.* An seo a-rithist is dòcha gun d' fhuair Iain am facal *lus a' chraois* bho fhaclair MhicCoinnich far a bheil e air a shealltainn mar Ghàidhlig air 'honeysuckle' (*Lonicera periclymenum*); ach saoilidh mi nach eil fhios aig daoine ann an cainnt chumanta an dualchais air an fhacal seo. Faic cuideachd not air 5e. Faodar a bhith cinnteach nach eil Iain a' cleachdadh an fhacail *lus a' chraois* mar Ghàidhlig air *Cornus suecica* (Beurla 'dwarf cornel'), a dh'aindheoin 's gur e seo a' chiall a tha air a shealltainn dha 'lus a' chraois' ann am faclair Dwelly agus me ann an Clark & MacDonald *Ainmean Gàidhlig Lusan*.

6k: *na Faoillich.* Ann an dualchainnt Gheàrrloch 's e seo a theirear ris an àm timcheall air mìos a' Ghearrain (Beurla 'February'), chan e mìos an Fhaoillich (Beurla 'January') a tha ann!

7c: *àileis.* 'S e 'cluich' (Beurla 'playing') as ciall don fhacal seo. Gheibhear an litreachadh 'alais' sa chlò-sgr. agus ann an *Gairm*, ach 's e [aːlˊaʃ] àileis am fuaimneachadh a chluinnear air an fhacal an còmhnaidh an sgìre Gheàrrloch.

7d: *linn.* Pronounced here [ʟˊ[ɣi]ɴˊ], mar a tha an comhardadh le *suim : Druing* a' shealltainn, an àite [ʟˊ ĩːɴˊ] mar a chluinnear gu h-àbhaisteach san dualchainnt.

7g: *ua-bheist.* 'S e seo a gheibhear sa chlò-sgr.; cf. faclair Dwelly 'uadh-bheist', leis a' chèill 'Monster (fabulous)'.

8d,h: *binn, cinn.* Air am fuaimneachadh an seo le dà-fhoghar [ˈ[ɣi]] gus comhardadh a dhèanamh le Druing ann an 8l.; 's e fuaimneachaidhean le aon-fhoghar [ĩː] fhada a chluinnear gu h-àbhaisteach san dualchainnt.

9g: *A' fainneamh,* clò-sgr. agus *Gairm* 'a' feithneabh'. Ann an dualchainnt Gheàrrloch tha am facal *fainneamh* a' ciallachadh 'iomradh gus bàta a chumail os cionn an aon ghrunnd' an uair a bhithear ag iasgach bho gheòla (faic faclair Dwelly s.v. 'fannadh', agus *cf.* Beurla na h-Alba 'anno'). 'S e am fuaimneachadh a tha aig an fhacal san sgìre [fæˊɴˊu], agus is dòcha gur e seo a tha Iain a' feuchainn ri riochdachadh leis an litreachadh 'feithneabh'.

9k: *ùrchasg,* clò-sgr. agus *Gairm* urchasg. Tha am facal 'Ùrchasg' ann am faclair MhicCoinnich s.v. 'antidote', agus dh'fhaodadh e a bhith gur ann bhon seo a fhuair Iain am facal (chan eil sràcan a' nochdadh sa chlò-sgrìobhainn idir).

10k: *dheachdadh.* Cf Salm 45 rann 1:
         'Deadh aobhar òrain naoimh is ciùil
         a' deachdadh ta mo chridh.'

Rann 11:tha an rann seo a dhìth sa chlò-sgr.

Fhir a tha air choigreach uainn

Bun don òran: làmh-sgrìobhainn a rinn Iain Camshron fhèin (fotocopaidh an tasglann Taigh-thasgaidh Gheàrrloch).

Cladaich Loch Iù

Bun don òran:

(1)   an t-seinn aig Iain Camshron fhèin, air teip-chèiseig ann an tasglann Taigh-tasgaidh Gheàrrloch : MA1987/19 taobh A (clàraichte le Roy Wentworth 9 Ògmhìos 1987).

(2)   an t-seinn aig Iain Camshron fhèin, air teip-chèiseig ann an tasglann Taigh-tasgaidh Gheàrrloch : C1988/27 taobh A (clàraichte an toiseach le Iain Camshron fhèin, gun fhios dè an deat).

(3)   clò-sgrìobhainn a rinn Iain Camshron fhèin (fotocopaidh an tasglann Taigh-thasgaidh Gheàrrloch).

Chuir Iain an t-òran seo ri chèile mar thionndadh Gàidhlig air an òran Bheurla aige 'By the Shores of Loch Ewe', a bha e air a dhèanamh roimhe. Tha 'Cladaich Loch Iù' air an aon fhonn ris an òran Bheurla, fonn a rinn Iain fhèin. Gheibhear faclan 'By the Shores of Loch Ewe' clò-sgrìobhainn a rinn Iain Camshron fhèin, mar a leanas:

By the shores of Loch ewe let me wander and roam
Beside my own dear ones, my croft and my home,
In my own Native Country, where friends are still true –
How peaceful to walk by the shores of Loch Ewe.
From the still of the morning at break of the day
Till the sun goes to rest, with its glorious display
There nature presents her adorable view
Each day and each night, by the shores of Loch Ewe.

Oh! The high peaked mountains stand guard o'er the scene
Serrated and rounded, all blue, grey and green
The heavenly shadows determine the hue
Which waters reflect, by the shores of Loch Ewe.

Where the seabirds cry out and the song-birds are sweet
And the sea-breezes mix with the tang of the peats
The atmosphere pure will prove rightly to you
That life is still sweet, by the shores of Loch Ewe.

While the sound of the waves beats an endless encore
On the shores that I love and the land I adore
The creation has something to offer anew
To charm and delight, by the shores of Loch Ewe.

By the shores of Loch Ewe let me wander and roam
Beside my own dear ones, my croft and my home,
In my own Native Country, where friends are still true —
How peaceful to walk by the shores of Loch Ewe.

Aig deireadh clò-sgrìobhainn an òrain Ghàidhlig gheibhear na faclan: 'Iain Camashron. 18.7.85'

Sèist a: *leag.* Leis an fhuaimneachadh [Lˊek], dualchainnteach air 'leig'.

Sèist b,c: *Am miosg, miosg.* Dualchainnteach air 'am measg', 'measg'.

1a: *bristeadh.* Dualchainnteach air 'briseadh'.

1c: *seolladh* [ʃoʟək], dualchainnteach air 'sealladh'.

Amhran dhan Uamhghaidh

Bun don òran:
Clò-sgrìobhadh a rinn Iain Camshron fhèin (fotocopaidh an tasglann Taigh-thasgaidh Gheàrrloch).

Rinn Iain an t-òran seo do Dhòmhall Sheoc, a bhuineadh don Uaghaidh.

Fonn a: *'n Uamhghaidh* air fhuaimneachadh [ə ˈN[ũ̯a]ɣi] (Beurla 'Cove'). 'S e ''n Uaimhe' an litreachadh a tha aig Iain air sa chlò-sgrìobhadh.

Fonn b: *gairbh-chrìochan* airson *garbh*-chrìochan. (mc)

Fonn c: *an acarsaid.* 'S e an camas den ainm Acarsaid na h-Uamhghaidh, aig NG811909, air a bheil Iain a' toirt iomradh an seo.

Fonn d: *aiteas*, 's e sin 'toileachas'.

Rann 1: Bha teist air fir na h-Uamhghaidh a thaobh cho aoigheil 's a bha iad, agus cho math 's a dhèanadh iad dhìot nan rachadh tu a choimhead orra.

2b: *bhàtan*, 's e sin 'bhàtaichean'.

2b: *ciallach* 'math, air an deagh dhèanamh'.

3d: *'S tric a shiab mi ùin' orr'.* 'S e a' chiall a tha aig *shiab* an seo, an dàrna cuid 'caith (driamlach)[Cast (a line)] leis an

106

fhuaimneachadh [h[iə]p], no 'sgiolc às [slink off, skulk off] leis
an fhuaimneachadh [h[iɑ]p].

4b: *brìdean* 'gille-brìghde' *Haemotopus ostralegus*.

5b: *fairge chuain* 'muir garbh'.

5d: *suaille*, tonnan mòra (bho Bheurla 'swell').

Stiùir mo Chùrsa

Bunan don òran:

(1)   an t-seinn aig Iain Camshron fhèin, air teip-chèiseig ann an
        tasglann Taigh-tasgaidh Gheàrrloch : MA1987/19 taobh A
        (clàraichte le Roy Wentworth ann an 1987).

(2)   an t-seinn aig Iain Camshron fhèin, air teip-chèiseig ann an
        tasglann Taigh-tasgaidh Gheàrrloch : C1988/26 taobh A
        (clàraichte an toiseach le Iain Camshron fhèin, gun fhios dè an
        deat).

(3)   an t-seinn aig Iain Camshron fhèin, air teip-chèiseig ann an
        tasglann Taigh-tasgaidh Gheàrrloch : C1988/27 taobh A
        (clàraichte an toiseach le Iain Camshron fhèin, gun fhios dè an
        deat).

(4)   clò-sgrìobhainn a rinn Iain Camshron fhèin (fotocopaidh an
        tasglann Taigh-thasgaidh Gheàrrloch).

Sgìr Gheàrrloch Rois an Iar

Bunan don òran:

(1)   an t-seinn aig Iain Camshron fhèin, air teip-chèiseig ann an
        tasglann Taigh-tasgaidh Gheàrrloch : MA1987/4 taobh B
        (clàraichte an toiseach le Cè NicMhathain ca. 1961).

(2)   an t-seinn aig Iain Camshron fhèin, air teip-chèiseig ann an
        tasglann Taigh-tasgaidh Gheàrrloch : C1988/26 taobh A
        (clàraichte an toiseach le Iain Camshron fhèin, gun fhios dè an
        deat).

(3)   an t-seinn aig Iain Camshron fhèin, air teip-chèiseig ann an
        tasglann Taigh-tasgaidh Gheàrrloch : C1988/27 taobh A
        (clàraichte an toiseach le Iain Camshron fhèin, gun fhios dè an
        deat).

(4)   clò-sgrìobhainn a rinn Iain Camshron fhèin (fotocopaidh an
        tasglann Taigh-thasgaidh Gheàrrloch).

Fonn: bhitheadh Iain ag ràdh gur e am fonn aige fhèin a bha air an
        òran seo.

Sèist d: *màig*. 'S e 'màgan' an t-iolra a gheibhear gu cumanta air an
        fhacal. 'S e a' chiall, 'geadan' no 'raointean beaga'.

2c: *gasganan*, 's e sin 'lagan' no 'glacan' (saoilidh mi gur ann mar sin a tha am facal air a thuigsinn sa chumantas, co-dhiù).

2e: *èalaidh*, Beurla 'stalk'.

2e: *air a thaobh-leis*, 'air a thaobh an fhasgaidh', Beurla 'on its downwind side'.

2f: *caochanan*, is dòcha gur e 'alltain' as ciall don fhacal an seo.

2f: air na teipeachan tha Iain a' seinn: *Fo rath fraoich, ranach no riasg*. Chan eil fios agam dè as ciall don abairt *rath fraoich*.

3c: *sgùilichean*, na basgaidean anns am bite a' cur nan lìon-bheaga.

2f: 'S e *Thar na caochanan* a th' ann an àite *Thar nan caochanan* mar a bhiodh dùil ann an Gàidhlig sgrìobhte. Feumaidh gur e seo a bha IC ag ràdh. (mc)

4h: 'S e dha-rìribh/da-rìribh as cumanta a chithear sgrìobhte. (mc)

Mìosachan Bòidheach na h-Alba MCMXLV

Bun don òran: clò-sgrìobhainn ann an sealbh Mhgr. Eachainn MhicCoinnich, mac peathar Iain (fotocopaidh an tasglann Taigh-thasgaidh Gheàrrloch).

Fonn: Chan eil fonn air ainmeachadh don òran, ach gu soilleir fhreagradh e 'Òran da Chèile Nuadh-Pòsda' le Donnchadh Bàn Mac an t-Saoir ('A Mhàiri Bhàn Òg, 'S Tu 'n Òigh th' air m' Aire').

Bidh e coltach nach e Iain fhèin a rinn a' chlò-sgrìobhainn, oir tha mearachdan a' nochdadh innte nach dèanadh neach aig an robh tuigse air a' Ghàidhlig (me 'fonninhor' airson 'fonnmhor' ann an rann a seachd). Chan eil sràcan sam bith air fuaimreagan fada ri 'm faighinn sa chlò-sgrìobhainn nas motha. Tha an litreachadh air atharrachadh an seo a dh'ionnsaigh molaidhean GOC.

1c: *gach clàir*: clò-sgrìobhainn (clò sgr.) 'gach clàr'

Rann 3 5: 'S e an tiotal a gheibhear air rann 3 sa chlò-sgrìobhainn (clò-sgr.) 'An Giblinn (February)', an àite 'An Gearran (February)' mar a bu chòir; agus 's e an tiotal a gheibhear air rann 5 'An Garran (April)' an àite 'An Giblinn (April)'. Chan eil fios agam an e Iain Camshron fhèin a bha am mearachd an seo, no an e an neach a rinn a' chlò-sgrìobhainn a bu choireach ris an eadar-ghluasad a tha ann.

3a: *nàdar*. Ged a tha am facal 'nàdar' gu gràmarach fireanta, tha am bàrd ga chleachdadh mar fhacal boireanta gu seimeantach an seo (e.g. *na dùisg, na casan, a com*).

3a: *na dùisg*. Clò-sgr.: 'na dusg'.

3a: *sa Ghearran.* Clò-sgr.: ''s a Ghiblinn' (faic not shuas).

3h: *deòthas.* Is dòcha gur e 'dealas' no 'iarrtas' as ciall don fhacal seo (faic me faclair Dwelly s.v. 'deòthas'). Chan eil am facal seo idir cumanta ann an cainnt na sgìre, ma chluinnear idir e.

4b: *toiseach a' Mhàirt.* Clò-sgr.: 'toiseach a Mhart'.

4f: *sùgh is snodhadh.* Clò-sgr.: 'sugh is snothadh'.

5a: *an Giblinn.* Clò-sgr.: 'an Garran' (faic not shuas).

5a: *cannach.* Saoilidh mi nach cluinnear am buadhair seo ann an cainnt na sgìre.

5d: *da rèir.* Clò-sgr.: 'da neir'.

5f: *dhaibh fhèin.* Clò-sgr.: 'dhoibh fhein'.

5g: *ri taobh an rathaid.* Clò-sgr.: 'ri taobh an rathad'.

7b: *leigheasach.* Clò-sgr.: 'leaghasach'.

7e: *fonnmhor.* Clò-sgr.: 'fonninhor'.

7f: *sa bhà'ch.* Clò-sgr.: ''s a bhathach'.

7h: *leagail.* 'S e seo a gheibhear sa chlò-sgrìobhainn cuideachd. 'S e [Lʹek] (mar gum b' e leag) agus [Lʹekɑʟ] (mar gum b' e leagal) na fuaimneachaidhean a chluinnear an-diugh san dualchainnt air 'leig', 'leigeil'.

8b: *saidhbhreas.* Clò-sgr.: 'saoibhreas'.

8d: *teinnead.* Clò-sgr.: 'tinnead'.

9: ceann agus 9a: *Lùnastal.* Clò-sgr.: 'Lughnasdal'.

9a: *luchd-turais.* Clò-sgr.: 'luchd-turus'.

9b: *àird.* Clò-sgr.: 'airde'.

9f: *taobh gach abhainn*: sic clò-sgr. (an àite 'taobh gach aibhne').

9g: *slat-chreagaich*, clò-sgr. :'slat-chreagich'. Bhite an dùil, is dòcha, ri 'slat-bhreacaich' an seo

9h: *sìol a' bhradain.* Clò-sgr.: 'siol a bhradan'.

10e: *feust.* Clò-sgr.: 'feusd'.

10f: *àit.* Clò-sgr.: 'ait', ach mar a chunnacas chan eil sràcan a' nochdadh sa chlò-sgrìobhainn, agus tha am facal seo a' dèanamh comhardadh ri *gràn : sgàil : làn.* Bhite gu cinnteach an dùil an seo ri ait le fuaimreig ghoirid.

10g: *ceann na h-obair*: sic clò-sgr. (an àite 'ceann na h-obrach').

11 ceann agus 11a: *Dàmhair.* Clò-sgr.: 'Damhar'.

11g: *'S a' Chailleach Bheur.* Clò-sgr.: ''S Chailleach Beur'.

12f: *dhaibh.* Clò.: 'dhoibh'.

An Cat Fiadhaich aig Murchadh

Bunan don òran:

(1)   an t-seinn aig Iain Camshron fhèin, air teip-chèiseig ann an tasglann Taigh-tasgaidh Gheàrrloch : MA1987/4 taobh B (clàraichte an toiseach le Cè NicMhathain ca. 1961).

(2)   an t-seinn aig Iain Camshron fhèin, air teip-chèiseig ann an tasglann Taigh-tasgaidh Gheàrrloch : C1988/26 taobh A (clàraichte an toiseach le Iain Camshron fhèin, gun fhios dè an deat).

(3)   làmh-sgrìobhainn a rinn Iain Camshron fhèin (fotocopaidh an tasglann Taigh-thasgaidh Gheàrrloch).

Tha Iain air deat a sgrìobhadh ann an tiotal an òrain: '24 Feb 1947'.

Tha Iain a' seinn an òrain seo air fonn 'Òran na Feannaig' (ach cha robh fios aig Iain fhèin dè an t-ainm a bha air an fhonn an uair a dh'fhaighnich mi ris air 9/6/87).

Tiotal: *Murchadh.* Seo athair Iain.

3b: *Mo Bhellac.* 'S i Bellac (no 'Beileag') màthair a' bhàird.

4b: *reubaid.* Chan eil mi cinnteach às an fhacal seo. Tha e a' nochdadh san làmh-sgrìobhainn aig Iain, an dàrna cuid mar 'reubaid' no 'reubsaid', oir chan eil an sgrìobhadh soilleir dhomh. (Chan fhaighear sreath 4b san tionntadh den òran a tha Iain a' seinn air an teip.) Dh'fhaodadh = 'reubainn'?

4c: *cracann*: dualchainnteach airson craiceann. (mc)

5b: *an fhaoilich.* 'S e am fuaimneachadh a tha aig Iain air an fhacal seo, [ə 'Nuːlʲiç] (agus tha am facal fhaoilich a' dèanamh comhardadh ri shaothair ann an 5d). 'S e riochd den fhacal 'fhuighlich' bho 'fuighleach' (Beurla 'left-overs, scraps') a bhitheas ann gun teagamh, ach le fuaimneachadh mì-àbhaisteach.

5i: *meud* air fhuaimneachadh [mɛ̃ːt]: *le meud na glaig* = [lʲɛ 'mɛ̃ːt nə 'g̊ʟaikʲ].

6a: *'An Nèasar.* Frith-ainm air duine, leis an fhuaimneachadh [ɑn 'nɛ̃ːsər]. 'S e 'Ian Nezzar' a tha aig Iain san làmh-sgrìobhainn; bha an duine seo aithnichte cuideachd mar 'Neb'.

6d: *O aimhreit na h-Iùdhaich.* Bhiodh dùil 's dòcha an seo ri *O aimhreit nan Iùdhach.* Ach tha e a' sealltainn mar a bha Roy a' cumail ris na bha e a' cluinntinn air an teip. (mc)

7f: *Char.* dualchainnteach airson chaidh. (mc)

Amhran nan Cìobairean

Bunan don òran:

(1)   an t-seinn aig Iain Camshron fhèin, air teip-chèiseig ann an tasglann Taigh-tasgaidh Gheàrrloch : MA1987/4 taobh B (clàraichte an toiseach le Cè NicMhathain ca. 1961).

(2)   an t-seinn aig Iain Camshron fhèin, air teip-chèiseig ann an tasglann Taigh-tasgaidh Gheàrrloch : C1988/26 taobh A (clàraichte an toiseach le Iain Camshron fhèin, gun fhios dè an deat).

2b: *Cha chuireadh e ri chluais i*, 's e sin, bha an deoch cho mòr air agus nach robh e comasach dha a làmh a chur ri chluais.

2c: *Ruairidh aig Ruairidh Aonghais.* Bha 'Criomas' [kʰrˊ ĩmas] mar fhrith-ainm air an fhear seo.

2e: *uileadh.* Dualchainnteach airson uile. (mc)

3e: *Briogsaidh.* Frith-ainm a bha air Alasdair Urchardan ('Alasdair a' Ghille Bhuidhe').

3g: *Iain aig Eachainnean.* 'S e 'Seonaidh 'n Eachainnean' a bu trice bha air an duine seo.

4b: *tùbh-sa.* Dualchainnteach airson taobh-sa. (mc)

4h: *Gu dearbhu.* Dualchainnteach airson gu dearbh. (mc)

5c: *an deidhe.* Dualchainnteach airson an dèidh. (mc)

7c: *ruinn.* Tha am facal seo air a litreachadh rinn mar as trice a-nise.

8e: dhul. Dualchainnteach airson dhol. (mc)

9b: *na.* Dualchainnteach airson no. (mc)

9f: smaonach. Gheàrr-dhòigh airson smuanachdainn. (mc)

Ann am feasgar June san dubhar

Bunan don òran:

(1)   an t-seinn aig Iain Camshron fhèin, air teip-chèiseig ann an tasglann Taigh-tasgaidh Gheàrrloch : MA1987/4 taobh B (clàraichte an toiseach le Cè NicMhathain ca. 1961).

(2)   an t-seinn aig Iain Camshron fhèin, air teip-chèiseig ann an tasglann Taigh-tasgaidh Gheàrrloch : C1988/26 taobh A (clàraichte an toiseach le Iain Camshron fhèin, gun fhios dè an deat).

1c: *bodaich ruadh.* Truisg bheaga a gheibhear faisg air a' chladach.

1g: *hàbhanan*. 'S e 'hàbhan' no 'hàbh' an riochd a gheibhear ann an dualchainnt Gheàrrloch air 'tàbhan' no 'tàbh' (Beurla 'landing-net').

2a: *Port na Tobhtaig*. Tha seo ann an Inbhir Àsdal aig NG 8215 8485.

2b: *ùisteil*. Is dòch gur e riochd de 'ùiseil' a tha seo.

2d: *Air an sgorradh*, 's e sin 'air an togail air maidean' (Beurla 'propped up').

2d: *tùbhail*. Dualchainnt air 'taobhail', dh'fhaodadh an seo leis a' chèill 'ann an dòigh chàirdeil'.

2f: *Crùidsear* (an aon duine ri *Aonghas* ann an sreath 3a). Bha am frith-ainm seo stèidhichte is dòcha air an fhine a bha air Paul Kruger, ceannard nam Boer aig àm Cogadh nam Boer. Bha Crùidsear sònraichte a thaobh na bhitheadh air de dh'aodach an còmhnaidh, agus tha am bàrd a' dèanamh mòran den seo san òran.

3c: *Peatanan*. Mar as trice san dualchainnt cluinnear seo mar 'peiteanan' (Beurla 'sweaters, jumpers').

3f: *stocainn de gach seòrsa*, stocainn nach robh a' freagairt a chèile, Beurla 'odd socks'.

4c: *an deireadh* - airson san *deireadh*. (mc)

4g: *iormadh*, dualchainnt air 'iomramh'.

5d: *caigeann*, dà iasg air an glacadh air an aon driamlach no air an aon dorgh.

5g: *Coilleagan a' Charaidh*. 'S e *an Caraidh* an t-ainm a tha air earrann den chladach ann an Inbhir Àsdal, aig bun na h-aibhne mu NG 8220 8480, far an robh roimhe caraidh ann. Bidh e coltach gu robh na coilleagan a gheibhte an siod nan deagh bhiathadh.

6b: *teumadh*, trost air an t-slait airson an dubhan a chur an sàs ann am beul an èisg (Beurla 'strike').

6e: *làdaidh*, bho Bheurla 'laddie'.

6f: *hàbh*, faic not air sreath 1g.

7c: *cu-mara*, Beurla 'dogfish'.

7g: *al.: Mun d' thilg e na h-uisgean e*, dualchainnt air 'mun d' thilg e dha na h-uisgean e'.

8a: *piseagaich* [pʰiʃakiç], cluinnear am facal seo cuideachd mar 'piseagraich', leis a' chèill 'gàire mòr air a bheil neach a' feuchainn ri stad a chur', Beurla 'sniggering'.

8b:	*pusaltaich* [pʰʏsəʟtiç], faisg air an aon chèill ri *piseagaich* shuas.

8b: *pusaltaich* [pʰʏsəʟtiç], faisg air an aon chèill ri *piseagaich* shuas.

8d: *reangais*, sa Bheurla 'stringers'.

8e: *cud* [kʰʏt̪] = 'fonn', bho Bheurla 'cut' leis a' chèill 'mood'.

8h: *seòighne*, 's e sin 'neònach'.

8h: *crainnte*, leis a' chèill 'gointe'.

10b: *chreutair.* Bhitheadh am facal 'a chreutair' gu tric aig Aonghas, agus fhuair am bàrd an seo e a-steach san òran.

10d: *putagan*, Beurla 'rowlocks', no dh'fhaodadh 'thole-pins'.

10g: *air a' Chorran.* 'S e an Corran earrann eile de chladach Inbhir Àsdal, aig NG823862

11h: *tùbh na luathann*, dualchainnt air 'taobh na luatha' (leis a' chèill 'taobh an tèine').

Dòmhnall agus na Gruagaichean a' Nighe nam Plaingeaidean

Bunan don òran:

(1)   làmh-sgrìobhainn a rinn Iain Camshron fhèin (fotocopaidh an tasglann Taigh-thasgaidh Gheàrrloch).

(2)   clò-sgrìobhainn a rinn Eachann MacCoinnich, roimhe na Mhaighstir-sgoil, Poll Lochaidh. (Dh'fhaodadh gun d' rinneadh an clò-sgrìobhainn bhon aithris aig Iain Camshron.)

Fonn: Chan eil fonn air ainmeachadh don òran, ach fhreagradh rainn 1 3 agus 5 7 'Am Bruadar a Chunnaic Anna'. Tha rann 4 air meadrachd eadar-dhealaichte.

An dà chuid san làmh-sgrìobhainn agus sa chlò-sgrìobhainn tha an t-òran seo sgrìobhte le ceithir 'sreathan fada' anns gach rann, ach thèid a dheasachadh an seo le ochd 'sreathan goirid' san rann.

Tiotal: Làmh-sgr.: 'Domhnuill agus na Gruaigichean an nighidh nam Blaingiadean' ; clò-sgr.: 'Domhnall agus na Gruagaichean a' Nigheadh nam Blaingeadan'.

1d: *na rannaig.* Làmh-sgr.: 'nar rannai[]', clò-sgr.: 'nan rannag'.

1e: *nan gruagach.* Làmh-sgr.: 'an gruaigich'.

1f: *Mun guaillean.* Clò-sgr.: 'mu'n gualainn'.

1g,h: *an cuala sibh 'n t-uamhas.* Làmh-sgr.: 'an cuala sibh n' t-uamhas', clò-sgr.: 'an cuala sibh an t-uamhas'.

2a: *rùisgte.* Làmh-sgr.: 'rùiste', riochd a tha a' sealltainn an fhuaimneachaidh a tha air an fhacal: [ʀuːʃt́ə].

2b: plaingeaid. Làmh-sgr.: 'blaingead', clò-sgr.: 'plaid'.

3a: *stàirn.* Làmh-sgr. 'starn'.

3b: *Don fhàisgeir, fhàisgeir* leis an fhuaimneachadh [ɑːʃkʹɑřʹ]. Làmh-sgr.: 'don fhaisgiar'. Dh'innis Iain Camshron dhomh gur e Beurla 'mangle' as ciall don fhacal.

3b: *a chuid ubair.* Làmh-sgr.: 'o' a chuid obair', clò-sgr.: ''us a chuid obrach'. A thaobh an fhacail ubair, tha am comhardadh le *tubainn* a' sealltainn gur e [upəřʹ] am fuaimneachadh a tha air.

3g: *pàg.* Làmh-sgr. agus clò-sgr.: 'pog', ach tha am comhardadh le *tlàth : Bàbaidh : gràin* a' sealltainn gur e [pʰaːk] am fuaimneachadh a tha air.

3g: *mar-thà.* Làmh-sgr.: 'mu thràth'.

3h: feumaidh e a bhith gu robh taobh aig Bàbaidh ri balach air choireigin à Sasainn, agus gu robh an t-eudach air Dòmhnall.

4e: *briogaiseag,* leis an fhuaimneachadh [b̥řʹikɪʃak]. Dh'innis Iain Camshron dhomh gur e Beurla 'knickers' as ciall don fhacal seo.

5h: *gun* d' rach. Làmh-sgr.: 'gun d'rach', clò-sgr.: 'gun deach''. Is dòcha gur e riochd goirid air 'gun d'rachadh' a tha seo, e fhèin dualchainnteach air 'gun rachadh'.

6b: *Dòmhnall.* Làmh-sgr.: 'Domhnuill'.

6d: *m' eudach a' sruth 's a' sileadh.* Làmh-sgr.: 'meudach a struth sa sileadh', clò-sgr.: 'm'aodach a' sruth 's a' sileadh'. M'eudach leis an fhuaimneachadh [meːtɔx], mar a tha an comhardadh le feum : ghèill : teum etc. a' sealltainn

6f: *nas teinn' e.* Làmh-sgr.: 'nas tinn' e', clò-sgr.: 'nas tinne'. *Teinne* leis an fhuaimneachadh àbhaisteach an Geàrrloch [tʰ ĩNʹə], an comhardadh le *gille : sileadh : milleadh* ga shealltainn.

6h: *milleadh.* 'S e mhilleadh a th' aig R.W. an seo. (mc)

7a: *ro chliùiteach.* Làmh-sgr.: 'ro chliutach'.

7b: *mocheirigh,* leis an fhuaimneachadh san dualchainnt ['mũ̃xɑřʹi]. Làmh-sgr.: 'moch eirigh'.

7c: *caithris,* leis an fhuaimneachadh san dualchainnt [kʰɑr̥hɪʃ]. Làmh-sgr.: 'caithris', clò-sgr.: 'cathrais' (an litreachadh mu dheireadh seo a' riochdachadh an fhuaimneachaidh san dualchainnt).

7h: *aithris,* leis an fhuaimneachadh san dualchainnt [ɑr̥hɪʃ]. (Làmh-sgr. agus clò-sgr. 'aithris' cuideachd).

Tàsg a' Mhealbhain

Bunan don òran:
Làmh-sgrìobhainn agus clò-sgrìobhadh a rinn Iain Camshron fhèin; tha fotocopaidhean dhiubh ann an tasglann Taigh-thasgaidh Gheàrrloch.

Fhuaradh na fuaimneachaidhean le bhith ag obair tron òran còmhla ri daoine à sgìre Gheàrrloch.

Tiotal: bidh e coltach gum bite a' faicinn tàsg anns a' mhealbhan aig Meallan Theàrlaich (faisg air am Boom Defence Depot). Dh'fhaodadh e a bhith gur e an t-ainm-àite 'Am Meallan' (i.e. Meallan Theàrlaich) a bha fa-near do dh'Iain an uair a sgrìobh e *a' Mhealbhain*.

4d: *Sithean'n a' Mhealbhain*, airson 'Sìtheanan a' Mhealbhain' (no dh'fhaodadh 'Sìtheanan a' Mheallain'), ainm-àite air cnuic, bidh e coltach, ann am Meallan Theàrlaich.

5b: *foillseadh*. Is dòcha gu bheil am facal seo aig Iain an seo le ciall coltach ris a' Bheurla 'apparition'.

Sgathadair nan Taodan Cruadhach

Bun don òran: làmh-sgrìobhainn a rinn Iain Camshron fhèin ; tha fotocopaidh dhith ann an tasglann Taigh-tasgaidh Gheàrrloch. Fhuaradh na fuaimneachaidhean le bhith ag obair tron òran còmhla ri daoine á Sgìre Gheàrrloch.

Tiotal: Bidh e coltach gur e inneal air choireigin a bha anns an Sgathadair a bhitheadh aca aig am Boom Defence far an robh Iain ag obair, dh'fhaodadh airson càbaill stàilinn (*nan Taoda Cruadhach*) a ghearradh. Tha an deat '7 12 49' sgrìobhte aig deireadh an òrain.

2a: *òrdoil*. Dualchainnteach airson *òrdail*. (mc)

6a: *aoidean*. Dualchainnteach airson *aoidion*. (mc)

Cha chluich mi fhèin a-rithist dhaibh

Bun don òran: làmh-sgrìobhainn agus clò-sgrìobhadh a rinn Iain Camshron fhèin (fotocopaidhean an tasglann Taigh-thasgaidh Gheàrrloch).

Bodachan an t-Seada Mhòir

Bunan don òran : clò-sgrìobhadh a rinn Iain Camshron fhèin ; tha fotocopaidh dheth ann an tasglann Taigh-tasgaidh Gheàrrloch. Fhuaradh na fuaimneachaidhean le bhith ag obair tron òran còmhla ri daoine à Sgìre Gheàrrloch.

'S e òran macarònach a tha seo, 's e sin gu bheil earrannan Gàidhlig is Beurla a' leantainn a chèile ann.

Bha an 'seada mòr' aig am Boom Defence Depot air an Allt Bheithe, agus bhitheadh cuid de dhaoine a' cluinntinn fuaimean neònach ann.

Òran an t-Saighdeir Ghàidhealaich

Bun don òran:

(1)   an t-seinn aig Iain Camshron fhèin, air teip-chèiseig ann an tasglann Taigh-tasgaidh Gheàrrloch : MA1987/4 taobh B (clàraichte an toiseach le Cè NicMhathain ca. 1961).

(2)   an t-seinn aig Iain Camshron fhèin, air teip-chèiseig ann an tasglann Taigh-tasgaidh Gheàrrloch : C1988/27 taobh A (clàraichte an toiseach le Iain Camshron fhèin, gun fhios dè an deat).

(3)   clò-sgrìobhainn a rinn Iain Camshron fhèin (fotocopaidh an tasglann Taigh-thasgaidh Gheàrrloch).

Tha an t-òran seo air fonn 'Nuair a bha mi òg' le Màiri Mhòr nan Òran. Air teip C1988/27, dìreach mus tòisich e air seinn an òrain, tha Iain ag innse na leanas:

> 'I am just off the phone from Johnny; this is a special one for him. It's a war-time song that I composed, but obviously the tune has been sung for hundreds of years. The tune is Màiri Mhòr nan Òran's song, and it was with due respect to her that I have composed those words'.

2b: *à tomadh tàmh.* Anns an Fhaclair aig R.W. tha ás an tomada-tàmh airson 'out of the blue'. (mc)

Tighinn air ais do m' leannan

Bunan don òran:

(1)   an t-seinn aig Iain Camshron fhèin, air teip-chèiseig ann an tasglann Taigh-tasgaidh Gheàrrloch : C1988/27 taobh A (clàraichte an toiseach le Iain Camshron fhèin, gun fhios dè an deat).

(2)   làmh-sgrìobhainn a rinn Iain Camshron fhèin (fotocopaidh an tasglann Taigh-thasgaidh Gheàrrloch).

Fonn.   ?

Sèist e: *bliadhnaibh:* Airson *bliadhnaichean.* (mc)

1d: *slios mòr nan sgìrean.* Is dòcha gu bheil am facal slios an seo ga chleachdadh an dà chuid ann an seagh coitcheann mar 'oirthir' sam bith ann an sgìrean Gheàrrloch, agus ann an seagh sònraichte mar 'an oirthir eadar na bailtean Poll Iù agus an Uamhghaidh', far a bheil Inbhir Àsdal, baile a' bhàird, suidhichte. Theirear 'an Slios' mar ainm air an oirthir seo a tha timcheall air Inbhir Àsdal.

1g: *rìoghainn.* Fuaimneachadh Dualchainnteach airson *rìbhinn.* Faicibh na notaichean airson an ath òrain. (mc)

2e,g: *gealladh, sealladh*. 'S iad seo na riochdan a gheibhear san làmh-sgrìobhainn, riochdan a tha bun-tomhasach no 'litreachasach'. Air an teip an seo 's e *gealladh* [ǵ'ɑLək] a tha Iain a' seinn ann an 2e, ach aig 2g tha e mar gum b' eadh a' dìochuimhneachadh agus 's e seolladh [ʃoLək] a tha aige, an riochd dualchainnteach a bhitheadh nàdarrach dha, agus nach e *sealladh* [ʃɑLək], fiù 's ged a dhèanadh seo comhardadh na b' fheàrr le gealladh.

Rìbhinn Ghrinn a' Chaolais

Bun don òran:

(1)   an t-seinn aig Iain Camshron fhèin, air teip-chèiseig ann an tasglann Taigh-tasgaidh Gheàrrloch : MA1987/19 taobh A (clàraichte le Roy Wentworth 9 Ògmhìos 1987).

(2)   an t-seinn aig Iain Camshron fhèin, air teip-chèiseig ann an tasglann Taigh-tasgaidh Gheàrrloch : C1988/26 taobh A (clàraichte an toiseach le Iain Camshron fhèin, gun fhios dè an deat).

(3)   an t-seinn aig Iain Camshron fhèin, air teip-chèiseig ann an tasglann Taigh-tasgaidh Gheàrrloch : C1988/27 taobh A (clàraichte an toiseach le Iain Camshron fhèin, gun fhios dè an deat).

(4)   clò-sgrìobhainn a rinn Iain Camshron fhèin (fotocopaidh an tasglann Taigh-thasgaidh Gheàrrloch).

Fonn: 'S e Iain fhèin a rinn am fonn don òran.

Tiotal: Rinn Iain an t-òran seo do mhnaoi, Effie NicAsgaill. 'S ann à Caolas Sgalpaigh anns na Hearadh a bha i.

Sèist: *Rìbhinn*. Mar as trice 's e [RiːviN'] am fuaimneachadh a tha aig Iain air na teipeachan air an fhacal seo, ach uaireannan 's e an riochd dualchainnteach [RiːɣiN'] <rìoghainn> a bhitheas aige.

4d: *nan Roinn Eòrpa*. 'S e seo a tha sgrìobhte aig Iain sa chlò-sgrìobhainn, agus tha e ga ràdh cuideachd air na teipeachan.

Is tu mo lòchran toirt solas dhòmhsa

Bun don òran: an t-seinn aig Iain Camshron fhèin, air teip-chèiseig ann an tasglann Taigh-tasgaidh Gheàrrloch : C1988/26 taobh A (clàraichte an toiseach le Iain Camshron fhèin, gun fhios dè an deat).

Fonn: You are my sunshine'
'S e eadar-theangachadh a tha seo den òran Bheurla 'You are my sunshine'. Air an teip, mus seinn e na rainn Ghàidhlig a rinn e fhèin, agus às an dèidh, tha Iain a' seinn an rainn Bheurla (no na sèist Bheurla) a leanas:

You are my sunshine, my only sunshine,
You make me happy when skies are grey,
You never know, dear, how much I love you,
Please don't take my sunshine away.

Bha mi'n dùil riut a-raoir

Bun don òran: Làmh-sgrìobhainn a rinn Iain Camshron fhèin (fotocopaidh an tasglann Taigh-thasgaidh Gheàrrloch).
Rinneadh an t-òran seo do Effie NicAsgaill, feumaidh e bhith mun do phòs i fhèin is Iain.

2b: spaideil, 's e sin 'sgiobalta', Beurla 'smart'.

3d: tànaig: dualchainnt airson tàinig. (mc)

Tuireadh Bàrd Thùrnaig

Bunan don òran:
(1)   an t-seinn aig Iain Camshron fhèin, air teip-chèiseig ann an tasglann Taigh-tasgaidh Gheàrrloch : MA1987/4 taobh B (clàraichte an toiseach le Cè NicMhathain ca. 1961).
(2)   làmh-sgrìobhainn a rinn Iain Camshron fhèin (fotocopaidh an tasglann Taigh-thasgaidh Gheàrrloch).
(3)   Gairm àir. 31 (An t-Earrach 1960) ttd. 208 9.

Bidh e coltach gun d' rinn Iain an t-òran seo aig àm coisrigeadh a' chùirnchuimhne do Alasdair Camshron, Bàrd Thùrnaig (1848-1933). Chaidh an càrn a nochdadh don phoball air 9mh. Lùnastal 1952.

2c: *cladh Abhainn Iù*. 'S e 'Abhainn Iù' an t-ainm a bha roimhe air baile Pholl Iù.

4b: *tàlan*. Air fhuaimneachadh [tʰɑːlɑn] mar as àbhaist san dualchainnt, chan e *[tʰɑːʟɑn].

Tha na notaichean aig Roy a' crìochnachadh an seo.

An Saighdear

Bun an òrain: Bho lethbhreac foillsichte a tha aig Eachann MacCoinnich (E.M.).
Seo a' bhardachd leis an do choisinn Iain Crùn na Bàrdachd aig Mòd Nàiseanta 1953 anns an Òban.

Nollaig gu Nèasar

Bun don òrain: an làmh-sgrìobhainn aig Iain Camshron fhèin a tha aig E.M. à Inbhir Àsdal, mac peathar a' bhàird.
12l: *bràch*. Dualchainnteach airson *bràth*. (mc)

Nollaig gu Briogsaidh

Bun an òrain: an làmh-sgrìobhainn aig Iain Camshron a tha aig E.M.

A' Bhliadhna Ùr

Bun an òrain: an làmh-sgrìobhainn aig Iain Camshron a tha aig E.M.

4d: *Fòithe:* 's e fodhaidh a th' anns an làmh-sgrìobhainn aig I.C., a' sealltainn 's dòcha mar a bha e ag ràdh an fhacail. Anns an fhaclair aige, Gaelic Words and Phrases from Wester Ross (1996), tha R.W. a' moladh fòithe mar litreachadh ach tha e ag ràdh gu bheil am facal air fhuaimneachadh 'fòthaidh' anns an dualchainnt.

5a: *aon'te:* goirid airson *aonaichte.* 'S e *aoint'* a tha aig I.C. san làmh-sgrìobhainn.

7b: *cuireal.* Chan eil mi cinnteach dè chiall a th' aig an fhacal seo. 'S dòcha gu bheil e co-cheangailte ri *curaidh no curanta.*

'S e Ghàidhealtachd as àill leam

Bun an òrain: an làmh-sgrìobhainn aig Iain Camshron a tha aig E.M.
6a: *càileor.* Dualchainnteach airson *càilear.*

'S e bhur litir a chòrd rium

Bun an òrain: an làmh-sgrìobhainn aig Iain Camshron a tha aig E.M.

Earail

Bun an òrain: an làmh-sgrìobhainn aig Iain Camshron a tha aig EM.

Fàilte do Thìr nam Beann

Bun an òrain: an làmh-sgrìobhainn aig Iain Camshron a tha aig E.M.

A' Home Guard

Bun an òrain: an làmh-sgrìobhainn aig Iain Camshron a tha aig E.M.

A dhuine ghòraich ladarna

6d: *bhi.* 'S e *bhi* a tha sa làmh-sgrìobhainn aig I.C. Ma dh'fhaodte gu bheil e a' cleachadh *bhi* airson *bhithinn.* Faic am faclair aig R.W.

O 'ille mo rùin

Chaidh an t-òran seo a sgrìobhadh do Iain Camshron rè a' chogaidh, nuair a chaidh e a-null thairis. Bha e am measg phàipearan a' bhàird. Tha e gun urra.

An Cìobair

Bha an dàn seo am measg phàipearan I.C. ach tha an earrann/na h-
earrannan mu dheireadh air chall.

1   Gur aotrom a cheum nuair bheir e ruith leum
      An dèidh a chuid sprèidh 's a chuid chaorach:
      Tha cheann air fàs liath a' siubhal air sliabh –
      Bha miann aige riamh bhith san aonach
      A' sireadh an treud le dìcheall is eud,
      Sàr chìobair gun bheud is brod aoghair.

2   Mun èirich an driùchd, thèid esan le sùrd
      Sìos slios abhainn Ùr do na cluaintaibh,
      A' falbh air na cnuic 's a' sgrùdadh na sluic
      Tha e 'n-diugh mu na stùic 's mu na cruachaibh:
      Chan èis leis na glaic tha druimeanach ait;
      Cha stuaidh air na baic is na bruaichibh.

3   Gur toigh leis na beinn 's na monaidhean sìnt',
      Na torranan grinn is na frìthean,
      Na coireachan sònraicht', na doireachan pòrach,
      'S na craobhan àrd ròsaideach dìreach,
      Na lochanan bòidheach, a' boillsgeadh gu h-òrail
      Toirt ùrachadh sòlais don chìobair.

4   Tha lorgaiche dubh a' leantainn a chruth
      'S a' tuigsinn gach guth thig o bheul-san;
      A' feitheamh ri làimh 'son cead agus àithn',
      'S nuair bheirear sin dha, cha bhi èis air,
      A' gabhail sgrìob chuairt le astar nam buadh
      'S ag iomain gu suairce 's gu spèiseil.

5   Tha co-aontachd ro dhlùth eadar creutair is brùid,
      Ach tha gliocas is tùr aig a' chù seo:
      Tha e togarrach, dìonach, adhartach, eòlach,
      Ealanta seòlt' anns gach cùise;
      Daonnan furachail, faicheallach, fiosrachail, farchluaiseach,
      Aigeanta, amharcach, lùghmhor.

6.   Am fear a tha 'n tòir air beartas is òr
      Tha sin ann an crò làn de chaoraich....

The Shepherd

1. Light his step when he bounds after his cattle and sheep: all his life he has traversed the slope – he always liked to be in the uplands, diligently and with zeal tending the flock, ideal shepherd without fault and choice protector.

2. Before sunrise (literally: before the dew arises), he goes with alacrity down the side of Ùr river to the meadows, traversing the hills and examining the hollows, today he is among the peaks and rounded hills: the ridged cheerful valleys are no hindrance to him, the hollows and banks are no strain on him.

3. He likes the mountains and moorlands lying (before him), the grand mounds and the deer forests, the remarkable corries, the fertile groves and the tall, straight, resinous trees, the beautiful lochs, gleamimg golden: they renew the shepherd's delight.

4. A black tracker follows him (literally: his figure) understanding everything he says, waiting at hand for permission and command, and when that is given him, he will be off, taking a circuitous route at high speed and driving smoothly and with due regard.

5. There is very close union between man and brute, but this dog has wisdom and sense: he is keen, retentive, thrusting, familiar, skilfully artful in every situation, always attentive, careful, knowledgable, always listening, purposeful, alert, powerful.

6. The person who seeks wealth and riches, that is in a pen full of sheep....